LAROUSSE

PAN

Artesanal

en casa

DIRECCIÓN EDITORIAL	Tomás García Cerezo
COORDINACIÓN EDITORIAL	Verónica Rico Mar
COORDINACIÓN DE CONTENIDOS	Gustavo Romero Ramírez
ASISTENCIA EDITORIAL	Montserrat Estremo Paredes
FOTOGRAFÍA	Alex Vera Fotogastronómica®
ESTILISMO DE ALIMENTOS	Irving Quiroz Quintana, Alejandra Ávila Robles, Ricardo Hernández Álvarez
CORRECCIÓN DE ESTILO	Evelín Ferrer Rivera
DISEÑO Y FORMACIÓN	Visión Tipográfica Editores, S.A. de C.V. / Rossana Treviño
DISEÑO DE PORTADA	Ediciones Larousse, S.A. de C.V., con la colaboración de Nice Montaño Kunze
FOTOGRAFÍA COMPLEMENTARIA	Shutterstock.com

©2018 Ediciones Larousse, S.A. de C.V.

Renacimiento 180, Colonia San Juan Tlihuaca, Delegación Azcapotzalco, C.P. 02400, Ciudad de México

ISBN 978-607-21-1958-1

Primera edición - Tercera reimpresión

Agradecemos a

En Hachette Livre México usamos
materias primas de procedencia
100% sustentable

LAROUSSE

PAN

Artesanal
en casa

IRVING QUIROZ

LAROUSSE

Agradecimientos

Quisiera agradecer a todas las personas que han contribuido con la realización de esta obra:

A mi esposa Alejandra por estar siempre conmigo. Eres también protagonista en este sueño alcanzado; te amo.

A Santiago, a ti chiquitín, que te esperabamos desde que este libro se empezó a hornear. Muchas veces pensé en cómo escribirte estas lineas. Hoy simplemente te digo: gracias por ser mi hijo.

A mis padres y hermanos, de quienes he aprendido sólo cosas buenas.

A todos mis amigos gracias por su infinito apoyo

A todos mis alumnos, quienes con sus cuestionamientos me obligan a ser mejor profesional.

A la familia Llanderal Silveyra, gracias por confiar en mí. Nos esperan cosas gradiosas.

A mi casa editorial Larousse, gracias por su confianza en esta segunda obra, gracias Vero, Montse (señora) y a todo el equipo editorial, ustedes son los mejores.

A todos los panaderos del mundo que con su labor incansable crean el pan nuestro de cada día. Sin ustedes esta obra no sería posible.

Presentación

El pan es un alimento milenario que a lo alargo de la historia ha jugado un sinfín de roles en ámbitos económicos, políticos y socioculturales. Ha fungido como símbolo ritual y espiritual, como impulsor de nuevas tecnologías y como cohesionador social; también, ha sido indicador económico, motivo de guerras, sustento de infinidad de civilizaciones, fuente de inspiración artística y, sobre todo, gran generador de placer y felicidad.

La elaboración y el consumo de pan tienen su origen en Mesopotamia, hace más de diez mil años. En aquella época el pan era un alimento sumamente sencillo, elaborado de forma rústica con sólo dos ingredientes: harina y agua. Su evolución ha ido en paralelo con la de las civilizaciones, y los factores que más la han determinado son la disponibilidad y la variedad de cereales, el avance de la tecnología (herramientas de siembra y cosecha, molinos, hornos) y las prácticas religiosas y culturales. Los panes que se consumen actualmente en todo el mundo no se parecen en nada a sus ancestros, pues afortunadamente, una de las características principales de este alimento es su capacidad de adaptación y de transformación. Hoy, cada región tiene variedades de panes tradicionales que son una muestra de su geografía y su riqueza cultural.

Con esta obra, Larousse desea invitarlo a hornear en casa increíbles panes, de manera simple y sin complicaciones, para poder disfrutar de una experiencia única. Para ello, el chef Irving Quiroz ha seleccionado una variedad de panes de todo el mundo que le permitirán descubrir a través de sus cinco sentidos un poco de historia y tradiciones de otras culturas. Aquí hallará más de 50 recetas de panes salados y dulces para cualquier ocasión, ya sea para acompañar una comida, preparar algún tipo de sándwich, calmar un antojo o servir con su bebida preferida. Además, encontrará información básica sobre técnicas de elaboración, ingredientes y utensilios, así como explicaciones e ilustraciones paso a paso.

Pan artesanal en casa busca inundar su hogar, no sólo con el reconfortante aroma del pan recién horneado, sino también con sentimientos de cuidado, compañía y amor. Un pan artesanal es aquel en cuya elaboración se ha tomado en cuenta la calidad y frescura de los ingredientes y se ha optado por seguir de forma, casi totalmente manual, procedimientos tradicionales particulares a cada masa. En otras palabras, un pan artesanal tiene impreso el cuidado y el amor que el panadero generosamente otrogó para obtener un pan con una bella apariencia de sabor y de aromas incomparables que podrá compartir con sus seres queridos.

Los Editores

Prólogo

Hornear pan en casa brinda una emoción muy especial. Genera en el panadero satisfacción e incluso sorpresa y asombro. Como un acto de magia, los ingredientes —harina, sal, levadura, agua y quizá algunos más— en un inicio separados, culminan al cabo de unas horas en una masa que se transforma dentro del horno conforme los minutos avanzan: crece, cambia de color y expide aromas únicos; es decir, se materializa en pan. En ese momento, así como la masa se hincha en horno, crece también la emoción y satisfacción del panadero.

El pan es sinónimo de alimento y de nutrición. Por siglos ha sido parte del núcleo de la cadena alimenticia, así como elemento esencial de diversas culturas en distintas regiones y épocas; claro que con una enorme variedad de formas, texturas, tamaños, sabores y aromas, características que le otorgan su carácter universal. Nadie posee los derechos de su autoría. El pan es obra de minúsculos organismos vivos, conocidos como levaduras y bacterias, que permiten el milagro de la fermentación. No creo que haya un tipo de pan mejor que otro o un solo modo de hacerlo. Cada pan tiene una historia y características acordes con su propósito y ofrece una experiencia gastronómica única.

Pan artesanal en casa, el segundo libro de Irving Quiroz, es una obra muy valiosa y oportuna. Es un viaje que nos permite recorrer distintas cocinas del mundo a través del tiempo. Pone a nuestra disposición, de manera clara y realizable, una selección de clásicos de la panadería mundial, pasando por la *baguette* y el *croissant* francés, la *ciabatta* y la pizza italianas, el pretzel alemán, el pan pita árabe y la *babka* judía. Además, simplifica el entendimiento de procesos complejos, actualmente en boga dentro de la panadería, como es el uso de masas madres. Durante todo el recorrido, Irving comparte sus mejores recomendaciones para hornear en casa panes espectaculares en sabor e impresionantes a la vista.

Los panaderos tenemos pocas opciones para formarnos o perfeccionarnos en nuestro oficio, mismo que es costoso de aprender, pero que no se paga bien. Obras como ésta resultan una gran aportación para seguir creciendo como panaderos, ya sea como aficionados o como profesionales. Usted como lector percibirá el cuidado y el cariño puestos en este libro por una figura como Irving, quien cuenta con el respeto y la admiración de colegas cocineros, reposteros y panaderos de muchos lugares.

A lo largo de este viaje conocerá la historia de muchos panes y aprenderá técnicas, gracias a las ilustraciones y al detalle en las explicaciones. Estoy seguro de que experimentará grandes emociones y satisfacciones en cada horneada. Cada ocasión será una nueva oportunidad de crear un pan único. Manos a la masa.

Bernardo Flores Alanís
BreAd Panaderos
Monterrey, N.L.

El oficio del panadero

Hacer pan en casa siempre ha sido motivo de gozo. Une a las familias y les permite compartir momentos de felicidad y de convivencia armónica. Esta práctica ha perdurado en algunas regiones y en otras se ha diluido poco a poco.

Mi abuelo contaba que su padre amasaba por horas una enorme cantidad de harina, agua y sal que dejaba fermentar un día para, posteriormente, hacer hogazas gigantes que saciarían su apetito y acompañarían con dignidad los platos que comerían durante una semana. A manera de bendición —aunque también como decoración y como forma de escape del gas—, hacía un corte en forma de cruz en la parte superior de cada una de las masas y las metía al horno de barro que había en la casa de campo. El pan nuevo no se cortaría hasta que los sobrantes de la semana anterior, que se guardaban en un cajón debajo de la mesa, se hubieran comido. Todo ello sucedió en un país que pasaba por épocas difíciles, las cuales hicieron que mi familia entendiera sobre la tradición panadera y la costumbre de hornear en casa, y que gran parte de ella decidiera mudarse a México.

Como muchos profesionales de la industria, soy un panadero accidental. Recuerdo que en la niñez, mi madre me enseñaba a hornear masa para hacer pizza, algunos panecillos que simplemente mojaríamos con un poco de agua y espolvorearíamos de azúcar y unos bollitos que eran dulzones y deliciosos para acompañar cualquier cosa en la cena. Para cosas más especializadas, acudiríamos a la panadería de la esquina.

Esta fabulosa obra escrita por la mano de mi querido amigo Irving Quiroz lo guiará para hornear en casa una gran variedad de panes de una manera amigable, práctica y sencilla. Su cocina se llenará de aromas y de momentos mágicos que solamente pueden tenerse cuando se comparte vida. El pan es un elemento vivo. Trabajar con él es un honor enorme. Transmitir la tradición es una responsabilidad difícil de asumir, de documentar y de simplificar. Irving logra todos esto de manera magistral, haciendo de este libro una obra infaltable en la biblioteca de cualquier amante, aficionado o profesional de preparar pan en casa.

El tiempo y su ausencia nos han quitado la oportunidad de mimarnos y de mimar a los nuestros. Vivimos una época en la que todo se quiere y se necesita con urgencia, con rapidez e incluso con desesperación. El pan requiere de paciencia. Hagamos una pausa en nuestro día a día y celebremos nuestra vida, la de los nuestros y la del pan. Horneemos como antaño juntos en casa con nuestros padres, nuestros hijos y nuestros abuelos.

Deje que Irving lo acompañe, y que en el desayuno, comida o cena, el pan sea un elemento de respeto y de unión, como lo ha sido desde tiempos milenarios. Dese el tiempo de buscar sus utensilios y sus ingredientes. Transforme su cocina en una pequeña panadería evocadora de imágenes que reconforten y que llenen de gozo el alma. Ser panadero es una bendición. Es el oficio que ha logrado darme las mayores satisfacciones en la vida. Aunque lo intente en casa, le recomiendo ser perfeccionista y hacerlo con el mismo amor con el que hace cualquier cosa para sus seres queridos.

Gracias, Irving, por compartir tu talento, tu esfuerzo y tu conocimiento con todos los que somos amantes de este milenario y mágico producto.

Carlos Ramírez Roure
Sucre i Cacao Pastisseria

Contenido

Ingredientes básicos en panificación

Los primeros panes consumidos por cazadores recolectores en la zona del Creciente Fértil, se elaboraban con una mezcla de sémola de algún cereal con agua, la cual se cocía junto a la hoguera o sobre piedras calientes. El pan resultante era un pan ázimo plano, denso y granuloso. Siglos después, los antiguos egipcios elaboraron panes con masa fermentada, de farro o cebada, utilizando levaduras naturales. En ocasiones la masa se complementaba con semillas de cilantro, higos o dátiles, y aunque los panes circulares eran los más comunes, también se hacían de otras formas o se decoraba la corteza con incisiones y otras marcas. Se podría decir que los panes egipcios son los ancestros de los panes que consumimos actualmente.

Hoy día, los ingredientes básicos de una masa de pan son: harina, sal y algún tipo de levadura y de líquido; en ocasiones se enriquece agregándole una gran variedad de ingredientes, los más comunes: lácteos, grasas, semillas, especias, nueces, hierbas, frutas y algún edulcorante.

Harina

La harina se puede obtener de muchos tipos de cereales y semillas; sin embargo, aquellas con las que se obtienen mejores resultados en panificación, debido a su alto contenido de proteínas y a las propiedades del gluten que contienen, son las de trigo y centeno, seguidas de las de cebada y avena. El porcentaje y la calidad de proteínas que puede contener una harina varían en función del cereal con la que esté hecha. Existen harinas que pueden ser utilizadas para complementar o diversificar el sabor, aroma, textura o aporte nutrimental de un pan; por ejemplo, la harina de maíz, de amaranto, de arroz o de soya. Normalmente estas últimas no se utilizan en panificación sin estar combinadas con harina de trigo, pues es la que sirve para producir fuerza en la masa y para obtener un pan de buen cuerpo y, a la vez, muy ligero.

HARINA DE TRIGO El trigo comenzó a utilizarse para la elaboración de pan hace aproximadamente 10 000 años. Desde entonces, se han utilizado distintas variedades, mismas que han evolucionado genéticamente, como la espelta, el kamut, el farro o emmer, el trigo duro, el trigo de pan, entre otras. Desde la Antigüedad la harina de trigo ha sido preferida por distintas civilizaciones para la manufactura de pan. Las propiedades del gluten que contienen algunas variedades de este cereal explican porqué con la harina de trigo se obtienen masas moldeables, pero resistentes, que producen panes grandes, esponjosos y suaves. El gluten del trigo se caracteriza por su capacidad de elasticidad y plasticidad; cuando las proteínas del gluten se combinan con agua se vuelven pegajosas y se unen entre ellas, formando redes elásticas y resistentes, con la propiedad de retener el dióxido de carbono que se genere durante la fermentación, para obtener una masa elástica y manejable. La red formada por el gluten se fortalece durante el amasado, de ahí la importancia de este proceso para obtener panes esponjosos y de buen sabor. Si una masa se trabaja por poco tiempo será débil y el gas se escapará durante la fermentación.

HARINA DE CENTENO El centeno es un cereal originario de Asia central y Mesopotamia, perteneciente a la misma familia que el trigo. Antes del año 1000 a.C. el centeno era considerado como mala hierba, y sólo se cultivó en las regiones nórdicas y en las zonas montañosas de Europa, debido a que, a diferencia de otros cereales, el centeno resiste y crece bien en condiciones extremas. Hasta el siglo XIX el pan de centeno era el tipo de pan preponderante entre la gente pobre del norte de Europa; actualmente, en los países escandinavos y de Europa del Este persiste el gusto por este tipo de pan; un ejemplo de ello es el famoso *Pumpernickel*. Los panes de centeno tienen características particulares debido a la composición del cereal, el cual es rico en carbohidratos y en fibra soluble, pero pobre en proteínas y en gluten si se compara con el trigo. Los arabinoxilanos son carbohidratos presentes en el centeno con una gran capacidad de absorción de agua (la harina de centeno absorbe cerca de 8 veces su peso en agua, mientras que de trigo sólo absorbe 2), cuando lo hacen, adquieren una consistencia espesa, viscosa y pegajosa, estas cualidades hacen que al consumirlos se hinchen en el estomago, con lo cual contribuyen a experimentar una sensación de saciedad. Asimismo, estos carbohidratos no endurecen después de la cocción, por tanto, los panes de centeno tienen una textura blanda y húmeda y su tiempo de vida es mayor que los de trigo. Por otro lado, debido a su escaso contenido de gluten, la masa hecha con harina de centeno es poco elástica, no responde a la acción de la levadura con la misma intensidad ni retiene tanto gas durante la fermentación que

una masa hecha con trigo. El resultado es un pan compacto y poco esponjoso, pero húmedo y suave.

HARINAS INTEGRALES El grano de un cereal se compone de tres partes: el endospermo (80% del grano aproximadamente), el germen y la cascarilla o salvado. Una harina integral se obtiene moliendo el grano de cereal entero, sin separar ninguna parte del mismo, a diferencia de la harina refinada que sólo contiene el endospermo. Los cereales más utilizados como harinas integrales para la confección de pan son el trigo, la avena, el maíz, el centeno y el arroz. La mayoría de los nutrientes de los cereales se localizan en el germen y el salvado; el primero es rico en proteínas, vitaminas del complejo B y E, minerales, como zinc, selenio y hierro, antioxidantes y ácidos grasos esenciales; mientras que el segundo, el salvado, aporta fibra dietética. Las harinas blancas o refinadas que sólo tienen el endospermo se componen de almidón y proteínas, pero tienen una baja proporción de vitaminas, minerales, fibra y compuestos antioxidantes. La vida de anaquel de la harina integral es menor a la de la harina refinada porque durante la molienda de los granos de trigo enteros, el germen desprende aceite, que al paso del tiempo puede causar el enranciamieto de la harina. Si desea elaborar un pan con harina integral debe tomar en cuenta que la masa absorberá más líquido de hidratación que la elaborada con harina refinada; además, el proceso de amasado será más largo y el resultado será una corteza más suave y una miga menos fuerte.

Sal

La sal de mesa, compuesta en esencia de cloruro de sodio, es un ingrediente esencial en la elaboración del pan. Absorbe la humedad del pan y funciona como conservador y como potenciador de sabor del resto de los ingredientes. Además, mejora el aroma del pan y permite una mayor elasticidad en la masa debido a que tensa la cadena de gluten. La cantidad de sal recomendada en la elaboración de un pan oscila entre 1 y 2% del peso total de la harina, es decir, entre 10 y 20 gramos de sal por 1 kilogramo de harina. Un exceso de sal puede retardar la fermentación, lo que resultaría en un pan pesado, gomoso y salado.

Líquido

El líquido es un componente esencial en la fórmula de una masa de pan. La cantidad que debe tener una masa oscila entre el 50 y 65% del peso total de la harina; así, una masa que contenga 1 kilo de harina debe hidratarse con ½ litro de líquido como mínimo. La función principal del líquido es disolver los ingredientes secos e incorporarlos en una masa homogénea con una estructura uniforme. Además, ayuda a disolver y activar las levaduras, así como las proteínas de la harina, para formar el gluten; una masa con poca humedad difícilmente desarrollará la elasticidad necesaria. La temperatura del líquido define la rapidez con la que una masa fermentará; con un líquido tibio, la fermentación será mucho más rápida que con uno frío.

El agua es el líquido de hidratación más común en la elaboración de masas, con ella se obtienen panes densos con costra crujiente y una miga de consistencia masticable. No obstante, ésta se puede mezclar o incluso sustituir con otros líquidos para conseguir un pan con características distintas; por ejemplo, la adición de leche, yogur o crema enriquece la masa y produce un pan con miga suave y cremosa, una corteza dorada y un sabor un poco dulce. Asimismo, se pueden usar jugos o pulpas de alguna fruta o verdura para darle al pan un sabor o color específico. Los ingredientes semilíquidos o con algún grado de hidratación, como el huevo o los prefermentos, también deben ser considerados como líquidos de hidratación.

Agentes leudantes

Existen varias sustancias o métodos que pueden cumplir con la función de leudar o hacer crecer una masa; el tipo de agente leudante y la proporción que se utilice en una masa depende de varios factores, como el grado de elasticidad o de fortaleza requerido o la consistencia y sabor final esperados.

Agentes biológicos o naturales

LEVADURAS

Las levaduras se han empleando para elaborar pan desde hace miles de años sin conocer, hasta hace poco, exactamente cuál era su función en el proceso de fermentación. En 1859 Louis Pasteur descubrió que las levaduras son microorganismos unicelulares que se multiplican de manera exponencial bajo condiciones específicas de temperatura, humedad y oxígeno. Se alimentan de azúcares, los cuales metabolizan para obtener energía produciendo dióxido de carbono, alcohol y otras sustancias químicas, elementos que en la elaboración del pan quedan atrapados en el interior de la masa. El alcohol es responsable del buen sabor del pan; el dióxido de carbono provoca que la masa leve o se esponje, y las otras sustancias químicas afectan la consistencia de la masa. En conjunto, las levaduras fortalecen el gluten y mejoran la elasticidad de la masa. En una masa sin azúcar añadida las levaduras se alimentan de los carbohidratos presentes en la harina; sin embargo, si se añade una pequeña cantidad de azúcar (azúcar, miel, piloncillo...) la actividad de la levadura aumenta. La temperatura en la que las células de la levadura producen más gas es entre 35 y 40 °C, proceso que dura cerca de 1 hora.

La forma más antigua de leudar pan es con el uso de prefermentos o masas madre naturales (ver Pan artesanal y prefermentos pág. 21). Éstos consisten en una masa hecha con harina y agua que se deja reposar a temperatura ambiente durante varias horas. Las levaduras presentes naturalmente en el medio ambiente, en las manos del panadero e incluso en los ingredientes de la masa, se encargan de fermentarla. Entre los siglos XIII y XIV se comenzó a añadir a los prefermentos la espuma o el asiento generado en ciertos líquidos de fermentación, como la cerveza, para acelerar el proceso. No fue sino hasta el siglo XIX que se introdujo el uso de levaduras cultivadas específicamente con fines de comercialización. Actualmente en México se pueden encontrar dos tipos de levaduras comerciales: la levadura fresca o prensada y la levadura instantánea seca.

La *levadura fresca* o *prensada* es una mezcla de harina, agua y levaduras frescas. Su tiempo de vida es de tres semanas y debe conservarse en refrigeración. Para utilizarla es necesario hidratarla previamente en un poco de agua. Debido a que las células de la levadura están vivas producen mucho más gas que otras levaduras.

La *levadura instantánea* o *en polvo* contiene levaduras fermentadas deshidratadas y se puede almacenar durante varios meses en un lugar seco. La levadura instantánea no necesita hidratarse antes de ser mezclada con otros ingredientes y es tres veces más efectiva que la levadura fresca; por ello, actualmente su uso y comercialización es mayor que el de la levadura fresca.

La mayoría de las recetas de este libro están hechas a partir de levadura en polvo, ésta se puede sustituir por levadura fresca multiplicando la cantidad de levadura en polvo por 3; es decir, 10 gramos de levadura en polvo equivalen a 30 gramos de levadura fresca.

AIRE

Algunas masas se elaboran siguiendo el método de batido, cuya finalidad es incorporar aire a la masa. Al quedar éste atrapado en ella, el aire provoca que el pan crezca durante el proceso de horneado. Este tipo de masas no requieren de agentes leudantes biológicos ni químicos para esponjar.

VAPOR

Éste es el caso de las masas hojaldradas compuestas de varias capas de grasa y masa que son muy húmedas. Durante el proceso de horneado, el calor genera vapor dentro de las capas, mismas que se desplazan hacia arriba, logrando un pan con mucho volumen. Este tipo de masas no requieren de agentes leudantes biológicos ni químicos para levar.

Agentes químicos

Las masas batidas suelen ser de consistencia semilíquida y se trabajan poco para evitar que se separen. En este tipo de masas el gluten no se activa lo suficiente como para crear redes elásticas y, por tanto, la masa no tiene la resistencia necesaria para contener gas durante mucho tiempo. Para leudar este tipo de masas se sustituye el uso de levaduras naturales con agentes químicos, los cuales liberan gas rápidamente sin necesidad de reposar la masa.

POLVO PARA HORNEAR

El polvo para hornear, también llamado impulsor de masas o levadura química, es un producto comercial obtenido de la mezcla de bicarbonato de sodio con crémor tártaro y algún excipiente, como harina o almidón. El polvo para hornear reacciona con la humedad, por ello debe mezclarse con el resto de los ingredientes secos antes de agregar el líquido para evitar reacciones prematuras. Al momento en que se agregan los ingredientes líquidos, el polvo para hornear se disuelve y sus componentes reaccionan, generando dióxido de carbono. El gas queda atrapado dentro de la masa y el calor del horno provoca que la masa crezca.

BICARBONATO DE SODIO

Se puede utilizar como agente leudante en una masa, a condición de que ésta tenga algún ingrediente ácido con el cual pueda reaccionar, por ejemplo: leche, chocolate, cacao, vinagre o jugo de fruta, y generar dióxido de carbono.

Otros ingredientes

Cualquier ingrediente que se agregue a una masa que no sea harina, sal, un agente leudante o un líquido, es considerado como un enriquecedor de la masa; no obstante, todos los ingredientes que se mencionan a continuación juegan un papel importante en el desarrollo de las masas.

GRASAS

La función principal de las grasas en la panadería es la de otorgar a las masas suavidad y humedad gracias a sus propiedades emulsionantes; un pan sin grasa tiene una vida de anaquel muy corta, ya que se endurece rápidamente y su miga es seca. Además, las grasas atrapan las burbujas de aire que se expanden con el calor del horno, ayudando así al crecimiento de las masas. Una masa con una gran cantidad de grasa, como la del *brioche* o del *pannetone*, tiene una consistencia poco firme, es difícil de amasar a mano y requiere ser horneada en un molde que le ayude a conservar su forma.

MANTEQUILLA La mantequilla es la grasa más utilizada en la panadería, se utiliza para obtener un pan con una miga suave y con un sabor y aroma delicados; además, genera cierta humedad que se experimenta en el paladar al momento de comerlo. La mantequilla es una grasa butírica obtenida principalmente de la leche de vaca, a la cual se le puede agregar sal. La mantequilla sin sal es la más utilizada en la panadería profesional, aunque también la salada se utiliza para algunas preparaciones específicas y, en ocasiones, puede ser utilizada como sustituto de la mantequilla sin sal, reduciendo o eliminando este último ingrediente de la receta de la masa.

MARGARINA La margarina se utiliza en ocasiones como sustituto de la mantequilla. Se obtiene a partir de una grasa vegetal o animal mezclada con agua o leche (en ocasiones se le agregan saborizantes, colorantes, emulsionantes y preservativos) que sufre un proceso de hidrogenación para volverla sólida a temperatura ambiente. Su sabor es un poco diferente al de la mantequilla, para algunos, menos delicado o agradable; no obstante, su punto de fusión es más elevado, por lo que se puede conservar más tiempo a temperaturas más altas. Existen margarinas especiales para panificación con funciones para cada tipo de masa. Por ejemplo, las margarinas para bizcocho o danés y para masa hojaldre tienen una plasticidad específica que permite empastarlas más fácilmente. La primera proporciona a las masas un sabor a mantequilla (aunque de manera artificial); la segunda, por su cantidad de humedad, permite un buen crecimiento de la masa. También existen margarinas especiales para masas batidas que se acreman más fácilmente y otorgan mayor volumen y rendimiento de las masas.

ACEITES Los aceites son grasas vegetales, líquidas a temperatura ambiente, que se producen a partir de una gran variedad de plantas. Se utilizan frecuentemente para elaborar masas batidas, como la de los panqués. A diferencia de las grasas sólidas, es más fácil incorporar los aceites al batido, lo cual permite que cubran mejor las proteínas, esto inhibe la formación de cadenas largas de gluten y permite obtener un pan con una miga y una corteza suave. Los aceites más utilizados en panadería son el de girasol, maíz y canola.

HUEVO En panadería se utilizan generalmente huevos de gallina. Un huevo pesa aproximadamente 60 gramos, de los cuales 20 gramos corresponden al peso de la yema, 30 gramos al de la clara y 10 gramos al cascarón. Es importante utilizar siempre huevos frescos y conservarlos en refrigeración. Agregar huevo a una masa de pan tiene varias funciones: por un lado, aporta color, sabor y algunos nutrientes y, por otro, la yema, rica en proteínas, grasas y emulsionantes, ayuda a formar una masa suave y moldeable gracias a que las grasas y los emulsionantes relajan la cadena de gluten. Asimismo ayuda a obtener un pan esponjoso y de lento endurecimiento, ya que los emulsionantes estabilizan las burbujas de gas y el almidón.

EDULCORANTES El edulcorante más común para una masa de pan es el azúcar, aunque también se puede utilizar piloncillo, miel de abeja o edulcorantes sintéticos. Además de endulzar el sabor de los panes, los edulcorantes naturales sirven como el principal alimento de las levaduras; sin embargo, se debe controlar la cantidad de azúcar en la masa para evitar que ésta se fermente en exceso, haciendo que se esponje sin que el gluten se haya desarrollado por completo; por el contrario, si la cantidad de azúcar es escasa, la fermentación se convertirá en un proceso largo y lento. Otra de las funciones principales de los edulcorantes naturales es la de absorber la humedad, alargando el tiempo de vida de los panes y conservándolos húmedos por más tiempo. Asimismo, la presencia de azúcar en la masa produce el color dorado en la costra de los panes debido a la caramelización que ocurre con el calor del horno.

LECHE La leche es empleada en la panadería por numerosas razones. Se compone principalmente de proteínas, grasas y emulsionantes que debilitan o relajan la cadena de gluten, lo que se traduce en una miga suave. Además, los emulsionantes estabilizan las burbujas de gas y el almidón, lo que resulta en un pan esponjoso que permanece suave por más tiempo, y los azúcares que contiene la leche se caramelizan durante el horneado, ayudando a

oscurecer el color dorado de la costra de los panes y a darles un rico sabor. Actualmente se utilizan muchos tipos de leche en panadería: bajas en grasa, sin lactosa, leches vegetales, etc. En lo que concierne a este libro, todas las recetas se elaboran con leche entera de vaca.

OTROS INGREDIENTES La mayoría de los sabores que se desarrollan en un pan provienen de componentes básicos de la masa; no obstante, existen una infinidad de ingredientes que ayudan a realzar o mejorar el sabor y la textura de los panes, por ejemplo: extracto de vainilla, especias en polvo, licores, jugos y pulpas de fruta o verdura, frutas deshidratadas, chocolate, semillas, nueces, embutidos, entre otros.

Equipo y utensilios básicos para la elaboración del pan

Aunque se puede preparar pan con los utensilios que tenemos siempre en casa, hay cierto equipo indispensable para la elaboración de un pan de calidad.

Banneton

Un *banneton* es una pequeña cesta, redonda, triangular u ovalada, donde se coloca la masa para su segunda fermentación. Habitualmente, este utensilio se utiliza con masas con alto grado de hidratación que requieren de un recipiente que las contenga para que conserven su forma y volumen. Los *bannetons* deben enharinarse generosamente con harina de arroz o cubrirse con una tela de lino

enharinada para evitar que la masa se les pegue. Se limpian con un trapo húmedo después de cada uso y no se debe usar agua ni jabón.

Báscula

Durante el proceso de amasado y horneado de los panes ocurren reacciones químicas específicas, las cuales son responsables del sabor, la textura, el aroma y el color característico de cada pan. Por esta razón, en panadería se opta por pesar los ingredientes en lugar de medirlos por volumen, ya sea en tazas o en cucharadas. De esta manera la medición es más exacta y se obtienen mejores resultados. Las unidades de medida más utilizadas son gramos o kilogramos y mililitros o litros. La báscula también resulta necesaria para pesar la masa y dividirla en porciones del mismo gramaje. Para elaborar las recetas de este libro se puede utilizar una báscula digital sencilla que permita pesar los ingredientes a partir de 1 gramo y que cuente con la función de tara. Si no cuenta con una báscula, consulte la tabla de equivalencias de la página 33.

Batidora eléctrica

Antiguamente todo el proceso de elaboración de los panes se hacía a mano. Los ingredientes se mezclaban, amasaban y dejaban fermentar en una artesa. Actualmente, muchos panaderos recurren al uso de la batidora eléctrica, pues facilita y acelera el proceso de elaboración de las masas, lo que es particularmente útil cuando se quiere elaborar una gran cantidad. Es importante aclarar que un correcto proceso de amasado es crucial para el desarrollo del gluten, así como para obtener un pan de buen sabor, aroma y textura. Las masas deben trabajarse hasta que alcancen cierto punto de elasticidad; algunas de ellas necesitan de un tiempo de amasado prolongado. Para elaborar las recetas de este libro puede amasarlas a mano o utilizar una batidora de pedestal casera. Es importante que la cantidad de masa a trabajar no supere la capacidad máxima de la batidora (para ello deberá consultar el instructivo de su aparato), de lo contario, deberá amasarla en tandas, esto evitará que el motor se caliente y se dañe.

Bicicleta

La bicicleta es un cortador de pastas extensible de acero inoxidable que cuenta con varias ruedas, normalmente entre 5 y 7, similares a las de un cortador para pizza. Dependiendo del tamaño de la bicicleta, las ruedas pueden extenderse entre 1 y 12.5 centímetros aproximada-

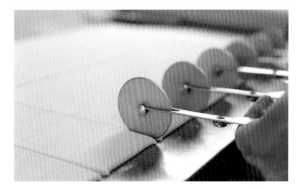

mente, lo que permite realizar varios cortes simétricos y uniformes con un solo movimiento. Con este utensilio se pueden cortar todo tipo de pastas, como hojaldre, filo, quebrada, pasta estilo italiana, fondant, etcétera.

Charola para hornear

Las charolas para hornear que se utilizan en panadería son placas de metal con bordes. El tamaño estándar de una charola casera es de 20 × 30 centímetros, aunque las hay más pequeñas y más grandes, usted deberá elegir la que se ajuste mejor al tamaño de su horno. Existen charolas de varios materiales: las de aluminio son ligeras y económicas; las de acero inoxidable son más estéticas y durables, y las de lámina negra son económicas pero poco duraderas. Para mantener limpias las charolas y evitar que lo panes se peguen a su superficie es necesario cubrirlas con tapetes de silicón o papel cocción o siliconado antes de cada uso. También puede engrasarlas con manteca vegetal antes de colocar en ellas los panes, en este caso deberá lavarlas después del horneado.

Horno

En panadería se utilizan todo tipo de hornos, desde hornos de piedra y de gas convencionales, giratorios o con capacidad para varias charolas, hasta hornos eléctricos sofisticados con sistemas de convección, inyección de vapor, programables, con control de temperatura, etc. El tamaño del horno depende del volumen de producción. Los hornos eléctricos permiten un mayor control de la temperatura y de la humedad durante el horneado, así como del tiempo de cocción; sin embargo, no es fácil tener acceso a este tipo de horno. Para hornear en casa en un horno de gas convencional o en un horno eléctrico sencillo es importante conocer y respetar la temperatura de horneado óptima para cada pan; una temperatura media oscila entre 165 y 170 °C; una temperatura alta entre 180 y

185 °C, y una muy alta entre 190 y 200 °C. Por otro lado, se debe recalcar que cada horno tiene sus particularidades; por ello, los tiempos de cocción en panadería siempre son aproximados y la cocción de los panes se debe supervisar constantemente. Recuerde que la única forma de conocer la capacidad de cocción de su horno es a través de la experiencia.

Moldes

Los moldes se utilizan para hornear panes cuyas masas son líquidas o con un alto contenido de grasa, y que por ello necesitan algo que las contenga para poder hornearlas; también se pueden utilizar con otras masas para conseguir un pan con una forma específica. Existen moldes de varios tamaños, de diversos materiales (silicón, aluminio, metal, vidrio, etc.) y costos; elija el molde que más se adecúe a su gusto y preferencias. Recuerde siempre engrasar y enharinar o cubrir los moldes con papel siliconado para evitar que las preparaciones se peguen a ellas.

Navaja

Las navajas de panadería se utilizan para realizar incisiones en la superficie de los panes, conocidas como "greñas" que, por un lado, sirven como decoración, pero particularmente ayudan a controlar el leudado del pan dentro del horno. Puede adquirir una navaja de panadería en tiendas de repostería o materias primas; o bien, puede utilizar una navaja de afeitar, un cuchillo mondador afilado o un cúter o exacto limpios.

Raspa

La raspa es una herramienta indispensable para el panadero, consiste en una lámina de metal o plástico, algunas con un mango de madera, metal o plástico en uno de sus lados, que permite sujetarlas. Se utiliza para dividir o cortar las masas al momento de porcionarlas, para cortar mantequilla o margarina, para sacar toda la masa de los tazones y para raspar los restos de masa pegados en las superficies de trabajo después del amasado. Estos utensilios se pueden adquirir en tiendas de repostería o materias primas, o en ferreterías.

Rejilla

Las rejillas de panadería generalmente son de acero inoxidable o de aluminio, las hay de distintos tamaños y las más comunes son rectangulares o cuadradas. En la rejilla se colocan los panes recién horneados para dejar que se enfríen, de esta forma se dispone de una superficie suficientemente grande que permite que salga el vapor interior del pan, evitando que se humedezca y se reblandezca.

Rodillo

El rodillo es un utensilio que se utiliza para estirar masas, existen de varios tamaños y materiales: madera, plástico, silicón y metal. La elección del rodillo es personal, pues depende del que le ajuste mejor a cada persona. En panadería se recomienda utilizar rodillos lisos. Los rodillos de madera se limpian con un trapo húmedo después de cada uso y no se debe usar agua ni jabón.

Superficie o mesa de trabajo

Para la elaboración del pan es necesario contar con una superficie de trabajo lisa que permita amasar, bolear y dar forma a las masas. El material ideal para trabajar las masas es la madera. Las mesas de acero inoxidable son una buena opción, aunque se debe controlar la cantidad de harina para que la masa no se deslice tan fácilmente y se pueda moldear o estirar. También las superficies hechas con materiales aglomerados son buena opción. No es recomendable utilizar superficies de mármol, ya que son muy frías y pueden endurecer un poco la masa.

Tela para pan

Tela que sirve para reposar masas de pan o panes ya formados durante su segundo leudado. Las telas de calidad son las que están hechas 100% de lino natural, este material evita que se formen hongos y la masa no se pega tanto. El grosor de la tela ayuda a mantener la forma del pan y a desarrollar una corteza crujiente, pues absorbe la humedad exterior de la masa. La tela debe ser espolvoreada con suficiente harina antes de colocar las masas o los panes; después de usarse, se debe sacudir y, sólo si se mancha, debe lavarse con agua fría.

Familias de masas

Al momento de elaborar y trabajar masas para pan es muy importante respetar las técnicas y los métodos específicos de cada una, así como el orden de los procedimientos, para poder obtener el mejor resultado. En este libro encontrará recetas para elaborar panes dulces o salados, principalmente a partir de 2 tipos de masas: fermentadas y hojaldradas fermentadas. Alternativamente encontrará dos panes a base de masa batida: *muffin* de *blueberries* y panqué de limón, chocolate y amapola, y uno elaborado con una masa quebrada crujiente: *Scone*.

Masas batidas

Este tipo de masas se obtienen al mezclar cierta cantidad de ingredientes mediante un batido, ya sea con un batidor globo manual o con una batidora eléctrica. Siguiendo esta técnica se logra incorporar una gran cantidad de aire a la masa. Durante el horneado las burbujas de aire apresadas se expanden debido a las altas temperaturas, logrando que la masa crezca sin necesidad de fermentarla previamente. Alternativamente, a este tipo de masas se les añade algún tipo de levadura química para promover una mayor formación de gas. Las masas de esta familia no deben trabajarse demasiado para evitar que se separen y no requieren de un tiempo de reposo antes de hornearse.

Masas quebradas crujientes

Las masas pertenecientes a esta familia no son elásticas, por tanto, carecen de volumen; con ellas se obtienen panes quebradizos y crujientes. Para lograr estas características es necesario evitar que el gluten en la masa se active. Las masas quebradas crujientes se elaboran siguiendo el método de *sablage*, que consiste en incorporar, con las yemas de los dedos, cubos fríos de materia grasa a la harina con la finalidad de impermeabilizar esta última con pequeñas partículas de grasa. De esta manera, cuando la harina entra en contacto con los ingredientes líquidos, éstos son absorbidos lentamente y no entran en contacto fácilmente con el gluten que ha quedado encerrado por la grasa. Los ingredientes, una vez incorporados, no deben amasarse por mucho tiempo para evitar que se active el gluten.

Masas fermentadas

Las masas de esta familia contienen levadura, la cual al activarse en la masa en un proceso de fermentación, permite que el volumen de la masa crezca y mejore el sabor del producto final. Es necesario controlar la temperatura y el tiempo de fermentación para asegurar el óptimo sabor y la textura característica de los panes.

El tiempo de vida de estas masas es corto, así que si no se hornea el mismo día, debe conservarse en refrigeración para evitar que se fermente en exceso.

El resultado después del horneado son panes de masa esponjosa y suave con mucho sabor y aroma.

Masas hojaldradas fermentadas

Una masa hojaldrada no contiene levaduras biológicas ni químicas, se compone de varias capas intercaladas de grasa y masa, al hornearse, el vapor de agua que emana de las láminas de masa se expande y las láminas de grasa se derriten. Con ello, las capas se separan y hacen crecer a la masa hasta cuatro veces más de su volumen inicial. Los panes elaborados con este tipo de masa generalmente tienen mucho volumen y son muy crujientes, ligeros y frágiles. Las masas hojaldradas fermentadas consisten en una masa fermentada enriquecida a la cual se le incorpora cierta cantidad de grasa, siguiendo el mismo método que para las masas hojaldradas; es decir, es una masa compuesta por láminas de masa fermentada intercalada con láminas de grasa. Las levaduras contenidas en la masa aportan un volumen controlado donde lo más importante es el sabor. La adición del empastado aporta a la masa la característica crujiente por lo hojaldrado. La mezcla de ambas técnicas tiene como resultado un pan crujiente por fuera y con el interior ligero, esponjoso y con mucho sabor y aroma. Algunos ejemplos de panes elaborados con este tipo de masa son: *croissant*, roles de *brioche* hojaldrada, *kouign-amann* y pan San Lorenzo.

Trece pasos para obtener un buen pan de masa fermentada

La masa es un producto vivo que sufre transformaciones químicas a lo largo de todo el proceso de elaboración, cuyo resultado final es un maravilloso producto comestible. El proceso de elaboración de masas fermentadas requiere seguir ordenadamente una serie de pasos para obtener un pan de calidad; omitir alguno, no realizarlo en el momento correcto o de manera adecuada, puede resultar en un pan poco aromático, insípido, seco o con mucha humedad. Algunos de los pasos son un poco más complicados que otros, pero con un poco de práctica se pueden lograr a la perfección. Si bien estos pasos corresponden a los panes elaborados con masa fermentada, algunos de ellos también deben seguirse al elaborar panes con otras masas. Atienda a la receta de cada uno e identifique los pasos convenientes.

1 Mise en place

En francés, la expresión *mise en place* significa "tener las cosas en su lugar". En panadería es sumamente importante contar con todos los ingredientes o preparaciones listos y pesados, así como tener todos los utensilios limpios y a la mano antes de comenzar a elaborar cualquier receta. Las recetas de panadería son básicamente fórmulas químicas, por ello, un ingrediente mal pesado o la omisión de alguno pueden influir en el correcto desarrollo de la masa. Además, es necesario leer y entender bien las recetas antes de prepararlas para no omitir ningún paso.

2 Mezclado y amasado

El mezclado de los ingredientes permite obtener una masa homogénea. Durante este proceso la harina absorbe el líquido, lo cual permite que el resto de los ingredien-

tes, como la sal, la levadura y el azúcar se distribuyan de manera uniforme en la masa; es a partir de este momento que las levaduras comienzan a desarrollarse.

Para obtener una buena masa, los ingredientes se deben mezclar en el orden en el que aparecen en las recetas; asimismo, es necesario regular la cantidad de líquido en la masa; si después de incorporar los ingredientes y obtener una masa homogénea su consistencia es muy aguada, se debe incorporar un poco más de harina, pero si la masa es seca y dura, se debe agregar un poco más de líquido. Posteriormente, durante el amasado, las proteínas de la harina se hinchan y se mezclan unas con otras formando redes de gluten. Las masas fermentadas requieren de una red de gluten fuerte; por lo tanto, dedíqueles un tiempo suficiente de amasado. Las masas con un desarrollo de gluten adecuado son lo suficientemente flexibles para estirarse sin romperse y contener los gases que se formen durante la fermentación sin que se escapen de la masa. Para saber si una masa fermentada tiene la elasticidad necesaria, se debe tomar un poco de ella entre los dedos y estirarla lentamente hasta que forme una membrana muy delgada que no se rompa y que permita que la luz pase a través de ella; a este punto se le llama punto de media, ventana o calzón. Si al realizar esta prueba la masa no se estira lo suficiente o se rompe, será necesario amasarla durante más tiempo.

3 Fermentación

La fermentación es un paso crucial en la elaboración de panes con masa fermentada. Una vez concluido el amasado con las redes de gluten formadas, el pan se deja reposar para que fermente. Durante este proceso, las levaduras consumen los azúcares contenidos en la masa y producen dióxido de carbono y alcohol etílico; el primero permite que el volumen de la masa crezca y se obtenga un pan esponjoso; el segundo contribuye a lograr un pan con

buen sabor y aroma, los cuales se desarrollan durante todo el proceso de fermentado. Sin embargo, un tiempo de fermentación en exceso producirá una masa con un sabor desagradable y ligeramente alcohólico.

El tiempo de reposo de una masa depende de varios factores, como el tipo de harina y de levadura utilizada, de la temperatura ambiente y del trabajo de la masa; entre más alta sea la temperatura, más rápido será el proceso de fermentación. Es recomendable que la temperatura de fermentación sea cálida pero que no supere los 30 °C, de lo contrario, la fermentación será muy apresurada y el pan tendrá un sabor insípido y será poco aromático; con esta temperatura la masa crecerá en el lapso de 1 hora aproximadamente. Sabrá que el proceso de fermentación se ha completado cuando la masa haya duplicado su volumen inicial o, si al presionarla con un dedo, el orificio formado desaparece lentamente. Las masas pertenecientes a esta familia también se pueden dejar fermentar en refrigeración entre 3 y 4 horas, proceso en el cual se reduce la actividad bacteriana. Esto provoca una fermentación controlada, prolongada y lenta que permite a las levaduras generar sustancias con un mejor sabor que cuando se fermenta a temperatura ambiente.

Las masas se deben fermentar dentro de tazones o recipientes ligeramente engrasados con aceite, para evitar que la masa se pegue al recipiente. Su capacidad debe ser del doble del tamaño inicial de la masa para evitar que ésta se desborde. Finalmente, el recipiente debe cubrirse con plástico autoadherente o con una manta de cielo para evitar que la masa se reseque y se forme una costra en la superficie.

4 Ponchado

La acción del ponchado sirve para desgasificar o liberar el dióxido de carbono atrapado dentro de la masa fermentada. Esto permite unificar la temperatura de toda la masa y fortalecer la estructura de las redes de gluten, las cuales darán estructura al pan durante el horneado para obtener un pan suave y esponjoso.

5 Pesado

Para obtener panes de un tamaño uniforme, la masa se debe dividir en porciones del mismo gramaje; el peso de las porciones de masa dependerá del tamaño del pan que deseemos elaborar. Un pan individual se obtiene con una porción de masa de entre 80 y 100 gramos, aunque también se pueden elaborar piezas u hogazas grandes con porciones de masa de más de 500 gramos. Es importante cortar la masa con una raspa metálica o de plástico para evitar desgarrarla por dentro. Las porciones de masa se deben cubrir con plástico autoadherente o una manta de cielo para evitar que se resequen y que se les forme una costra en la superficie.

6 Reposo

Cuando la masa es dividida su estructura interna sufre un desajuste, es por ello que una vez pesadas las porciones de masa se deben dejar reposar durante 10 minutos como máximo para permitir que se relaje su estructura. La masa debe conservarse cubierta todo el tiempo.

7 Boleado

El objetivo del boleado es redondear las porciones de masa para formar una capa exterior delgada y tersa, capaz de retener el dióxido de carbono que se genere durante la fermentación de los panes ya formados. Se debe comenzar a bolear las porciones de masa siguiendo el mismo orden en el que fueron pesadas; si una de las porciones de masa estuviera muy rígida, permita que repose por algunos minutos más. La técnica de boleado requiere un poco de práctica, es importante realizarla adecuadamente para evitar en los panes fugas de gas causando que se deformen durante el horneado.

8 Segundo reposo

Después de formar los bollos, la masa necesita nuevamente de un tiempo de reposo de 10 minutos para que se relaje su estructura interna.

9 Modelado o formateo

Este paso consiste en modelar los bollos de masa para que adquieran su forma final. En la panadería existen infinidad de figuras y formas propias de cada pieza de panadería. En algunos casos es necesario enharinar los bollos de masa y la superficie de trabajo para formar los panes; no obstante, la cantidad de harina debe ser mínima para evitar que las piezas se resequen. Una vez modelados los panes se deben colocar sobre las charolas donde se hornearan.

10 Segunda fermentación

Una segunda fermentación permite que el pan ya modelado aumente aún más su volumen y se eliminen los defectos o marcas que se hayan formado durante el modelado. Es importante no mover los panes de la charola después de este proceso, de lo contrario, existe el riesgo de que la masa se ponche y se deforme antes del horneado. Para saber si la segunda fermentación ha terminado, presione ligeramente el pan con la yema de un dedo; si al retirarlo la masa regresa casi completamente a su forma original, estará lista para ser horneada; por el contrario, si se queda la marca del dedo en la masa, es señal de que la masa se ha fermentado en exceso.

11 Greñado y decoración

Algunos panes se greñan antes de ser decorados, este procedimiento consiste en realizar una incisión poco profunda con una navaja en la superficie de un pan antes

de introducirlo en el horno. Este corte permite que el gas escape de una manera más ordenada durante la cocción, además de servir como elemento decorativo del pan. Otros panes pueden llevar desde una decoración muy sencilla, como brillo de huevo y un poco de azúcar o un glaseado, hasta decoraciones más complejas, como las conchas

12 Horneado

Durante el horneado ocurren muchos cambios en la masa. El proceso de fermentación continúa y se acelera dentro del horno debido a la temperatura elevada. Además, el líquido contenido en la masa se convierte en vapor, lo cual permite que el pan adquiera más volumen. Cuando la temperatura interna de la masa alcanza los 60 °C, las levaduras mueren y dejan de producir dióxido de carbono y alcohol. Conforme va subiendo la temperatura interna de la masa, las proteínas de la masa se comienzan a coagular y la masa se convierte en miga; además, sufren un proceso de caramelización junto con los azúcares presentes en la masa, formando una costra dorada y crujiente.

Es importante verificar el correcto horneado de los panes antes de sacarlos del horno; si un pan que aún está crudo se enfría, no será posible terminar de cocerlo adecuadamente introduciéndolo de nuevo al horno.

Algunos panes requieren de altas temperaturas y de un medio húmedo al inicio del horneado para generar una costra crujiente. Existen hornos eléctricos que tienen incluida la función de inyección de vapor; sin embargo, éste no es el caso de los hornos caseros convencionales. Para simular esta función se puede colocar en el piso del horno precalentado un sartén de hierro caliente y, justo antes de introducir los panes, se le agrega una pequeña cantidad de agua para que se genere el vapor.

13 Enfriado

Los panes cocidos se deben dejar enfriar por completo antes de consumirlos o cortarlos. Después de retirar el pan del horno, se dejan reposar en la charola entre 10 y 12 minutos. Este tiempo permite que la humedad interna del pan se difunda hacia el exterior y que la miga se ponga firme. Para acelerar el proceso de enfriamiento, se colocan sobre una rejilla las charolas o los panes directamente una vez que éstos puedan retirarse de la charola sin romperse. Evite enfriar los panes donde haya corrientes de aire, de lo contrario, su corteza se resecará y se cuarteará.

Pan artesanal
y prefermentos

El pan artesanal es aquel que se elabora siguiendo parámetros tradicionales cuya eficacia ha sido comprobada con los años. Se procura realizar todo el proceso de forma manual conforme a una metodología particular a cada masa. Actualmente, el uso de ciertas máquinas, como batidoras y todo tipo de hornos, es admitido dentro de la panadería artesanal. Asimismo, se prefiere el uso de ingredientes naturales de calidad y se evita la adición de colorantes y saborizantes artificiales, así como mejoradores, estabilizantes y conservadores químicos. Es cierto que realizar dos piezas idénticas de panadería es una virtud que requiere tiempo; sin embargo, ese no es el objetivo de un panadero artesano, sino el de sorprender a los demás con productos de inigualable sabor, aroma y textura. Los mejores panes son aquellos que enamoran y dejan atónito a quien los prueba. Eso se logra aplicando bien las técnicas, haciendo un uso adecuado de los prefermentos y, por supuesto, tratando con cariño a las masas.

El uso de prefermentos es la técnica más antigua utilizada para fermentar masas de pan. Un prefermento o masa madre es una mezcla de harina con agua que funciona como un cultivo de microorganismos. Después de un tiempo de reposo, este prefermento presenta una cantidad considerable de levaduras activas que, al ser mezcladas con una masa de pan, permiten que ésta fermente. Idealmente las levaduras contenidas en un prefermento son salvajes o naturales, en ocasiones se le añaden asientos de bebidas fermentadas (cerveza, vino), jugo de frutas naturales o miel de abeja para acelerar el proceso de fermentación. La práctica de añadir levaduras cultivadas, fresca o instantánea, con el fin de aceleración del proceso, también es común.

Para hacer un prefermento se mezclan en un recipiente harina, agua y, opcionalmente, levaduras, hasta obtener una masa homogénea. Posteriormente, ésta se deja reposar a temperatura ambiente o en refrigeración. Durante el reposo, que puede ser de algunos minutos hasta varios días, se desarrollan varios microorganismos (bacterias y levaduras) que se alimentan de los azúcares de la harina y producen gas carbónico y alcohol. La proporción entre harina y agua y el tiempo de reposo varían en función del tipo de prefermento que se desee realizar; por ejemplo, el *poolish* se utiliza normalmente para mejorar las características sensoriales del pan (sabor, aroma); mientras que la *biga* se prefiere para darle estructura y manejabilidad a la masa.

Algunos de los prefermentos más comunes en panadería son:

Biga: masa obtenida con dos partes de harina por una de agua, más una pequeña cantidad de levadura. Comunmente la *biga* se deja reposar durante 2 horas en refrigeración y, después, se deja reposar a temperatura ambiente durante un mínimo de 10 horas, el resultado es un prefermento con mucha actividad, sabor y acidez. Este prefermento italiano se utiliza comúnmente en masas blandas y húmedas, pero con una fuerte estructura, como la *ciabatta* o la *focaccia*. En este tipo de panes se busca desarrollar una gran cantidad de alveolos, los cuales se logran gracias a la excesiva actividad de la *biga*, así como un sabor ligeramente ácido y con carácter.

Esponja: masa obtenida con tres cuartas partes de harina por una de agua, más una pequeña cantidad de levadura con tiempo de reposo mínimo de 30 minutos. Con la esponja se preparan panes como bolillo y telera.

Levain: masa madre natural típica de Francia que se elabora con una parte de la harina y del agua contempladas en la formulacion de la masa de pan final. Normalmente consisten en partes iguales de agua y harina; aunque también se puede obtener un *levain* de consistencia más dura disminuyendo la cantidad de agua en un 20%. En ocasiones se agrega al *levain* miel de abeja o algún otro tipo de azúcar para acelerar el proceso de fermentación. Es un prefermento muy aromático y con una carga bacteriana moderada. Originalmente el *levain* consistía en un tipo de masa vieja o *pâte fermentée*.

Masa madre natural o *sourdough starter*: masa obtenida con partes iguales de harina y agua (esta proporción puede variar según el panadero) con un tiempo de reposo de entre 5 y 10 días. La masa madre natural fermenta debido a la acción de levaduras salvajes o naturales. (Ver Guía básica para elaborar masa madre natural o *sourdough starter* págs. 23-25.)

Masa madre: masa obtenida con partes iguales de harina y de agua más una cantidad de levadura y con tiempo de reposo mínimo de 2 horas.

Masa vieja: pequeña porción de masa de pan sobrante de una producción anterior que se incorpora a una nueva.

La masa vieja se obtiene de cualquier tipo de masa, incluidas las enriquecidas; por tanto, puede contener, además de los ingredientes básicos de una masa, ingredientes extra como azúcar, huevo, mantequilla o leche. Aunque la cantidad de dichos ingredientes no es representativa como para afectar el sabor, consistencia o textura de la nueva masa, no se recomienda el uso de masa vieja en la elaboración de *baguettes* o panes similares.

Pâte fermentée: pequeña porción de masa de pan sobrante de una producción anterior, generalmente *baguette* o algún tipo de pan, cuyos ingredientes sólo sean harina, agua, sal y levadura, que se incorpora a una masa nueva. Puesto que la *pâte fermentée* ya ha sufrido un tiempo de reposo y fermentación, al ser mezclada con la nueva masa ayuda a que el pan resultante tenga un sabor con mayor carácter. La *pâte fermentée* no debe tener más de 5 días de fermentada y debe conservarse en refrigeración, de lo contrario, el exceso de acidez provocaría un pan poco crecido, con pequeñas ampollas y sabor ácido.

Poolish: masa obtenida mezclando durante un par de minutos partes iguales de harina y agua, más una pequeña cantidad de levadura. El *poolish* es un prefermento con una consistencia líquida que se deja reposar a temperatura ambiente, idealmente a menos de 20 °C, entre 12 y 18 horas. Se utiliza en masas poco húmedas y con sabor ácido, como la *baguette*.

Recetas de prefermentos

BIGA

Ingredientes para 300 g

> 1 g de levadura fresca
> 100 ml de agua a temperatura ambiente
> 200 g de harina de trigo

1. Disuelva en un tazón la levadura fresca en el agua. Añada la harina de trigo y amase con las manos por 1 minuto hasta obtener una masa homogénea y sin grumos.

2. Cubra el tazón con plástico autoadherente y deje reposar la *biga* a temperatura ambiente entre 12 y 16 horas.

ESPONJA

Ingredientes para 900 g

> 525 ml de agua
> 375 g de harina de trigo
> 5 g de levadura en polvo

1. Mezcle en un tazón todos los ingredientes hasta obtener una mezcla homogénea. Déjela reposar a temperatura ambiente entre 30 minutos y 2 horas o hasta que duplique su volumen.

MASA MADRE

Ingredientes para 200 g

> 4 g de levadura en polvo
> 100 g de harina de trigo
> 100 ml de agua
> 2 g de sal

1. Combine en un tazón la levadura en polvo con la harina de trigo. Agregue el agua y mezcle con la mano o con un tenedor o hasta obtener una masa sin grumos. Cubra el tazón con plástico autoadherente y deje reposar la masa madre a temperatura ambiente entre 2 y 4 horas, o en refrigeración durante una noche.

POOLISH

Ingredientes para 2 kg

> 1 kg de harina de trigo
> 1 ℓ de agua
> 5 g de levadura en polvo

1. Mezcle en un tazón todos los ingredientes hasta obtener una mezcla de color uniforme. Cubra el tazón con plástico autoadherente y déjelo reposar a temperatura ambiente durante 10 horas; si lo desea, puede refrigerar el *poolish* transcurridas las primeras 3 horas para terminar la fermentación en refrigeración.

Puede conservar el poolish *en refrigeración durante 24 horas. Para preparar* poolish *de cerveza sustituya el agua por la misma cantidad de cerveza clara y siga el mismo procedimiento.*

GUÍA BÁSICA PARA ELABORAR UNA MASA MADRE NATURAL O SOURDOUGH STARTER

La masa madre natural o *sourdough starter* hecha con harina y agua es un ingrediente vivo que se nutre del cuidado y del cariño que se le da diariamente. La panadería para mí es alquimia y, sin duda, elaborar masa madre natural es uno de los experimentos más satisfactorios. La masa madre es un ayudante experto que está presente en cada horneada y por eso es que es tan importante y apreciada. Existen tantos panaderos como formas de elaboración y de cuidado de una masa madre. A continuación les presento mi versión para prepararla en casa desde cero.

El procedimiento de elaboración de esta masa madre natural es de 7 días e implica una serie de actividades que se repiten diariamente, idealmente a la misma hora. Puede haber un desfase de algunas horas, sin embargo, ser constante es imperativo para lograr una masa madre fuerte. Es recomendable entonces que antes de comenzar piense en una hora del día en la que, durante esos 7 días, pueda dedicarle entre 5 y 10 minutos a la masa. Mi recomendación es hacerlo por las mañanas.

Para preparar una masa madre natural necesitará un frasco de vidrio con tapa con capacidad de ½ kg, una espátula miserable y una báscula.

Ingredientes para 200 g

    225 g de harina de centeno
    225 g de harina de trigo
    450 g de agua de filtro o embotellada

DÍA 1

1. Mezcle en una bolsa de plástico o un recipiente con tapa la harina de centeno con la harina de trigo. Esta mezcla se utilizará gradualmente durante la elaboración de la masa madre.

2. Agregue al frasco de vidrio 50 gramos de la mezcla de harinas y vierta 50 gramos del agua. Mezcle bien los ingredientes con una cuchara de madera.

3. Deje reposar el frasco durante 24 horas a temperatura ambiente y en un lugar apartado de la luz del sol.

DÍA 2

1. Inspeccione la masa dentro del frasco y trate de identificar señales de vida, es decir, la formación de pequeñas burbujas en la superficie o en las paredes del frasco. Si no las logra percibir, no se alarme; en este punto la masa aún se encuentra en una etapa temprana de desarrollo, así que es posible que todavía no haya mucha actividad microbiológica.

2. Saque del frasco la mitad de la masa (50 gramos) y deséchela. Añada al frasco con el resto de la masa, 50 gramos de la mezcla de harinas y vierta 50 gramos de agua. Mezcle bien los ingredientes con la espátula miserable. Al proceso de desechar la mitad de la masa y mezclarla con la misma cantidad de harina y de agua se le conoce como "alimentar la masa madre".

3. Tape el frasco y déjelo reposar durante 24 horas, de preferencia en un lugar tibio apartado de la luz del sol.

En caso de que la temperatura ambiente sea muy fría, caliente en el microondas una toalla de cocina durante 20 segundos, dóblela por la mitad y coloque el frasco encima.

DÍA 3

1. Inspeccione nuevamente la masa dentro del frasco en busca de señales de vida; en este punto deberán ser visibles algunas pequeñas burbujas, además de ser perceptible un aroma ácido sutil. Si nota que las paredes del frasco están manchadas, justo por encima de la superficie de la masa madre, es señal de que los microorganismos han comenzado a alimentarse del azúcar de la masa.

2. Alimente nuevamente la masa con 50 gramos de la mezcla de harinas y 50 gramos de agua (sin olvidar desechar previamente la mitad de la masa del frasco). Mezcle bien los ingredientes con la espátula miserable.

3. Tape el frasco y déjelo reposar nuevamente durante 24 horas.

DÍA 4

1. Inspeccione la masa dentro del frasco; en este punto deberán ser visibles pequeñas burbujas en la superficie y el aroma deberá ser ligeramente avinagrado.

2. Alimente la masa una vez más y déjela reposar durante 24 horas.

DÍA 5

1. En este punto la masa deberá tener mayor cantidad de burbujas y el aroma ser un poco más fuerte. Alimente la masa y déjela reposar durante 24 horas.

1. Rectifique la actividad de la masa; deberá tener un poco más de burbujas que el día anterior. Aliméntela y déjela reposar idealmente durante 8 horas, o máximo, durante 12 horas. Notará que durante el tiempo de reposo, el nivel de la masa aumenta y, después de unas horas comienza a descender.

2. Alimente la masa por segunda ocasión en el día y déjela reposar hasta el día siguiente o hasta la hora en la que los días anteriores alimentó a la masa.

DÍA 7

1. Alimente la masa dos veces permitiendo un tiempo de reposo de 8 horas después de cada alimentación. En este punto la masa madre ya está activa y puede utilizarse para hacer un *levain* que será utilizado para fermentar la masa de pan.

Consideraciones generales

- Durante todas las etapas de reposo, la masa debe estar siempre cubierta para que no se reseque; sin embargo, el frasco no debe estar completamente cerrado. Puede colocar la tapa sobre la boca del frasco, pero sin enroscarla, o bien, utilizar un trozo de plástico o de manta de cielo y ajustarlo con una liga.

- Es importante utilizar agua embotellada o de filtro debido a que el agua de grifo regularmente está clorada, característica que impedirá la proliferación de microorganismos.

- Puede sustituir la harina de centeno con la misma cantidad de harina de trigo integral. La cascarilla, tanto de la harina de centeno como de la integral, es necesaria para elaborar una masa madre natural, pues aporta los microorganismos necesarios para que se active. Si utiliza harina de trigo integral es probable que la actividad de la masa madre tarde un par de días más en iniciar; en este caso, prolongue el mismo tiempo la alimentación de la masa.

- Cada que alimente a la masa madre su consistencia debe de ser firme, es por ello que generalmente la harina y el agua se agregan en proporciones iguales. No obstante, la capacidad de absorción de agua de las harinas es variable; por tanto, si durante el proceso nota que la masa está demasiado líquida, la siguiente vez que la alimente, disminuya la cantidad de agua o agregue pura harina.

- Desechar la mitad de la masa antes de alimentarla con harina y agua sirve para eliminar una parte de los desechos generados por los microorganismos, a la vez que les proporciona más alimento. De esta forma se acelera el proceso de activación de la masa madre y al mismo tiempo se evita tener una cantidad muy grande de masa madre difícil de almacenar.

Mantenimiento de la masa madre

Para fermentar una masa de pan con masa madre natural o sembrada con levdauras requerirá utilizar sólo una porción de ésta. La masa madre restante puede conservarla a temperatura ambiente o en refrigeración; sin embargo, a menos que usted hornee diariamente pan con masa madre, el método de conservación más recomendable es en refrigeración.

Sin importar el método de conservación que elija, para mantener viva y fuerte una masa madre es necesario alimentarla periódicamente. Personalmente, en mi refrigerador cuento con una inquilina silenciosa de casi tres años de edad, que requiere de cuidado. La alimento cada semana y cada día adquiere más carácter y fuerza.

Para alimentarla puede seguir utilizando una mezcla de harina de centeno y harina de trigo, o bien, utilizar únicamente harina de trigo refinada. En este último caso, deberá darle un poco de tiempo a la masa para que se acostumbre a su nuevo alimento; es probable que al inicio note que pierde un poco de fuerza. En todo caso, lo importante es ser consistente con el tipo de harina con el que se alimente la masa. El proceso es el mismo que anteriormente, es decir, deberá desechar una parte de la masa y mezclar el resto con harina y agua en proporciones iguales. Por ejemplo, 50 gramos de masa madre deben alimentarse con 50 gramos de harina y 50 gramos de agua.

Si usted hornea pan diariamente debe conservar la masa madre a temperatura ambiente y alimentarla entre 2 y 3 veces al día. En cambio, si hornea pan de masa madre una vez a la semana puede conservarla en el refrigerador durante cuatro días sin necesidad de alimentarla. El quinto día, saque la masa del refrigerador, de preferencia en la mañana, y déjela temperar entre 1 y 2 horas para que los microorganismos se activen. Aliméntela y déjela reposar entre 8 y 10 horas a temperatura ambiente; aliméntela una segunda ocasión y déjela reposar hasta el día siguiente. El sexto día, alimente la masa dos veces dejándola reposar 8 horas después de cada alimentación. En este punto la masa madre ya está activa y puede utilizarse una porción para hacer el *levain*. Refrigere la masa madre restante.

Masas y técnicas básicas

MASA DE BIZCOCHO

La masa de bizcocho es una masa enriquecida con leche, huevo, azúcar y mantequilla con la que se obtienen panes suaves y esponjosos, es una de las masas más utilizadas en la panadería mexicana para la elaboración de pan dulce, como las conchas, los colchones de naranja, las donas, las rebanadas, entre otros. La técnica de elaboración de una masa de bizcocho es la de una masa fermentada. Una vez que domine le técnica, usted puede utilizar esta masa como base de distintos panes o crear sus propias versiones.

RENDIMIENTO: 1 kg · PREPARACIÓN: 45 min · REPOSO: 5 h

Ingredientes

500 g de harina de trigo
10 g de sal
10 g de levadura en polvo
150 ml de leche
200 g de huevo

5 ml de extracto de vainilla
120 g de azúcar
110 g de mantequilla cortada
    en cubos, a temperatura
    ambiente

Procedimiento

1 Forme con la harina de trigo un volcán sobre una superficie de trabajo; haga un orificio en el centro, coloque dentro la sal y la levadura en polvo, y mézclelas con un poco de leche (o el líquido que indique la receta) y de la harina del derredor. Agregue un poco más de líquido y continúe incorporando el resto de la harina poco a poco. (Fotos 1, 2 y 3.)

2 Añada los huevos (si la receta solicita yemas, añádalas en este paso) uno por uno, sin dejar de trabajar la masa, incorporando el resto del líquido gradualmente, así como el extracto de vainilla. Amase hasta obtener una masa homogénea y elástica que se despegue de la superficie de trabajo. (Foto 4.)

3 Agregue poco a poco el azúcar amasando hasta que se integre por completo; incorpore la grasa (mantequilla, manteca o margarina) de la misma forma. Trabaje la masa hasta que esté suave, firme y elástica. Durante este proceso ésta adquirirá una consistencia más suave; sin embargo, deberá amasarla continuamente hasta que adquiera nuevamente elasticidad sin agregar más harina. (Fotos 5, 6 y 7.)

4 Engrase ligeramente un tazón, coloque dentro la masa y cúbralo con plástico autoadherente. Deje fermentar la masa a temperatura ambiente hasta que duplique su volumen. Transcurrido este tiempo deje reposar la masa en refrigeración durante 4 horas. (Foto 8.)

MASA BRIOCHE

La masa brioche es una viennoiserie típica de Francia, cuyo origen se dice que data de la Edad Media; desde entonces era una masa fermentada enriquecida con mantequilla, leche y huevos que se utilizaba para hacer panes de celebración (fiestas, bodas, bautizos, entre otros). Esta masa se usa como base de distintos panes conocidos únicamente como brioches, tanto en Francia como en diversas partes del mundo. Los brioches pueden ser de distintas formas y tamaños, con rellenos variados, glaseados, dulces, salados, etcétera. La masa brioche se utiliza también como cobertura de patés, embutidos, foie gras, pasteles de carne, entre otras preparaciones saladas. Una de las características particulares de esta masa es la gran cantidad de mantequilla y de huevo que contiene, los cuales son los responsables de producir panes con una suavidad y aroma incomparables. Por lo mismo, la masa tiene una consistencia flácida que dificulta amasarla a mano; se recomienda el uso de una batidora eléctrica para facilitar su elaboración. Además, resulta necesario hornearla dentro de un molde, de lo contrario, el pan perdería su forma.

RENDIMIENTO: 1 kg   PREPARACIÓN: 35 min   REPOSO: 13 h

Ingredientes

200 g de huevo
105 ml de leche fría
65 g de azúcar
11 g de levadura en polvo

500 g de harina de trigo
14 g de sal
240 g de mantequilla cortada en
   cubos, a temperatura ambiente

Procedimiento

1 Bata en una batidora eléctrica con el aditamento de gancho el huevo, la leche, el azúcar y la levadura en polvo a velocidad baja durante 3 minutos. Agregue la harina de trigo y continúe batiendo durante 10 minutos, raspando ocasionalmente la mezcla pegada a las paredes y la base del tazón.

2 Añada la sal y bata a velocidad media durante 10 minutos más. Finalmente, agregue poco a poco los cubos de mantequilla, batiendo hasta que se incorporen por completo. Continúe con el amasado durante 8 minutos más o hasta obtener una masa elástica, homogénea y muy resistente.

3 Engrase ligeramente un tazón, coloque dentro la masa, cúbrala con plástico autoadherente y déjela fermentar a temperatura ambiente durante 1 hora o hasta que duplique su volumen. Transcurrido este tiempo, deje reposar la masa en refrigeración durante 12 horas como mínimo.

MASA DE DANÉS

La masa de danés, originaria de Dinamarca, se utiliza como base de distintos panes dulces que por extensión son conocidos como daneses. Pertenece a la familia de las masas hojaldradas fermentadas, es decir, está compuesta por una masa fermentada enriquecida, laminada con una buena cantidad de mantequilla. Es similar a la masa croissant, pero más delicada: presenta una mayor cantidad de azúcar, de huevo y de mantequilla. Los panes elaborados con este tipo de masa son muy aromáticos, suaves y esponjosos por dentro, y con un exterior ligeramente crujiente.

RENDIMIENTO: 2 kg   PREPARACIÓN: 35 min   REPOSO: 13 h

Ingredientes

1 kg de harina de trigo
15 g de sal
10 g de levadura en polvo
300 g de leche
350 g de huevo
220 g de azúcar

90 g de mantequilla a temperatura ambiente cortada en cubos + cantidad suficiente para engrasar

EMPASTE

220 g de mantequilla

Procedimiento

MASA

1 Mezcle en una batidora eléctrica con el aditamento de gancho la harina de trigo, la sal y la levadura en polvo a velocidad baja. Sin dejar de batir, agregue poco a poco la leche y los huevos, raspando ocasionalmente la mezcla pegada a las paredes y la base del tazón; una vez incorporados, bata a velocidad media durante 10 minutos o hasta que obtenga una masa homogénea y elástica.

2 Añada la mitad del azúcar y continúe batiendo hasta que la masa adquiera nuevamente elasticidad. Agregue poco a poco los cubos de mantequilla batiendo hasta que se incorporen por completo y, finalmente, añada el resto del azúcar. Continúe con el amasado durante 5 minutos más o hasta obtener una masa elástica, homogénea y muy resistente.

3 Forme una esfera con la masa y colóquela en un tazón ligeramente engrasado; cúbrala con plástico autoadherente y déjela reposar durante 30 minutos.

4 Engrase con un poco de mantequilla una charola, extienda encima la masa y úntela con un poco de mantequilla. Cúbrala con plástico autoadherente y congélela durante 1 hora.

EMPASTE

1 Suavice la mantequilla y forme con ella un rectángulo de 10 × 20 centímetros (ver pág. 31). Refrigérela hasta que se endurezca.

2 Saque la masa del congelador. Enharine la mesa de trabajo y coloque encima la masa; extiéndala hasta obtener un rectángulo de 20 × 40 centímetros. Coloque el rectángulo de mantequilla sobre la mitad de la masa y cúbralo con la otra mitad de la masa; presione las orillas para que la mantequilla no se salga al momento de estirar la masa.

3 Siga el procedimiento de la página 32 para laminar la masa; reduzca el tiempo de refrigeración entre el segundo y tercer doblez a 30 minutos. Cubra la masa nuevamente con la bolsa de plástico para evitar que se reseque y déjela reposar en refrigeración durante 1 hora.

LAMINADO DE MASAS FERMENTADAS

El laminado de masas es una técnica empleada en la elaboración de varias masas, como la pasta hojaldre, la masa de danés y la de croissant. El laminado busca crear una masa compuesta por varias capas intercaladas de grasa y masa, lo cual se logra extendiendo y doblando la masa un cierto número de veces. Al hornearse, el vapor de agua que emana de las láminas de masa se expande, y las capas de grasa se derriten. La pasta hojaldre, a diferencia de la masa de danés y la del croissant, no contiene levadura, por tanto, su crecimiento en el horno depende únicamente del vapor que emana de la masa. Por su parte, las masas de danés y de croissant consisten en una masa compuesta por láminas de grasa y de masa fermentada, por tanto, su crecimiento en el horno es el resultado de la acción tanto de la levadura como del vapor. La pasta hojaldre requiere entonces de una mayor cantidad de capas, normalmente 6 vueltas o dobleces, para lograr alcanzar el mismo volumen que las masas de danés y de croissant, que requieren de la mitad de vueltas.

Ingredientes

cantidad suficiente de mantequilla fría

cantidad suficiente de masa fermentada

SUAVIZAR MANTEQUILLA PARA EL EMPASTE

1 Coloque el trozo de mantequilla sobre una hoja de papel siliconado grande, cúbralo con la misma hoja y golpéelo con un rodillo para comenzar a suavizarlo. (Foto 1.)

2 Acomode la hoja de papel siliconado para que cubra bien todo el trozo de mantequilla y golpéelo nuevamente. Repita este procedimiento, acomodando el papel siliconado cuantas veces sea necesario, hasta que la mantequilla esté completamente suave y se haya formado un rectángulo o cuadrado irregular delgado.

3 Estire el papel siliconado y coloque al centro la mantequilla suavizada. Doble una de las orillas del papel hacia el centro, para cubrir la mitad de la mantequilla; haga lo mismo con el lado contrario y, finalmente, doble las orillas restantes. Deberá obtener un paquete con la mantequilla dentro. (Foto 2.)

4 Estire la mantequilla pasando el rodillo por encima del paquete hasta que la mantequilla tome la forma de un cuadrado con un grosor uniforme. (Foto 3.)

5 Desdoble el papel siliconado. La mantequilla está lista para el empaste. (Foto 4.)

EMPASTE

1 Realice dos incisiones entrecruzadas y poco profundas en la superficie de la masa. Estire las orillas de cada corte hacia los lados para obtener una cruz; extienda la masa con el rodillo para adelgazarla, pero sin que pierda la forma lograda. (Foto 5.)

2 Coloque el rectángulo de mantequilla en el centro de la cruz de masa y cúbralo con ella, doblando sobre él una de las orillas de masa; pase por encima del primer doblez la orilla opuesta de masa, tápela con una tercera orilla y termine de cubrir con la orilla restante. (Foto 6.)

LAMINADO

1 Enharine la superficie de trabajo y coloque encima la masa; golpéela ligeramente con un rodillo hasta formar un rectángulo. Espolvoree la masa con un poco más de harina y extiéndala verticalmente con el rodillo hasta obtener un rectángulo alargado con un grosor uniforme de 1 centímetro. La masa debe de estirarse con facilidad sobre la mesa; de no ser así, espolvoree la masa con un poco más de harina por ambos lados. (Foto 7.)

2 Divida la masa imaginariamente en tres partes horizontales iguales. Doble la parte superior hacia abajo cubriendo por completo la parte central; luego, doble la parte inferior hacia arriba encima del primer doblez. A este procedimiento se le conoce como doblez sencillo o vuelta sencilla. Cubra la masa con una bolsa de plástico y déjela reposar en refrigeración durante 1 hora como mínimo. (Foto 8.)

3 Enharine nuevamente la superficie de trabajo. Coloque encima la masa en la misma posición del paso anterior, es decir, con la orilla del cierre hacia arriba. Gire la masa 90° hacia el lado izquierdo y estírela hasta obtener un rectángulo alargado de 1 centímetro de grosor. Realice otro doblez sencillo para obtener una segunda vuelta. Cubra la masa con una bolsa de plástico y déjela reposar en refrigeración durante 1 hora como mínimo. (Foto 9.)

4 Saque la masa del refrigerador, retire la bolsa de plástico y enharine nuevamente la superficie de trabajo. Gire otra vez la masa 90° hacia el lado izquierdo a partir de la última posición, estírela y realice un tercer doblez sencillo. Cubra nuevamente la masa con la bolsa y déjela reposar en refrigeración durante 1 hora como mínimo antes de utilizarla.

TABLA DE EQUIVALENCIAS DE LOS INGREDIENTES BÁSICOS EN PANADERÍA

INGREDIENTES SECOS (medidas en gramos)						
	1 taza	¾ de taza	⅔ de taza	½ taza	⅓ de taza	¼ de taza	1 cucharada
Avena	80	60	53	40	27	20	5
Azúcar	200	150	133	100	67	50	15
Azúcar glass	130	98	87	65	43	33	10
Azúcar mascabado	180	135	120	90	60	45	12
Cocoa	100	75	67	50	33	25	5
Harina de centeno	130	98	87	65	43	33	8
Harina de maíz o semolina	170	128	113	85	57	43	12
Harina de trigo	140	105	93	70	47	35	10
Harina de trigo integral	130	98	87	65	43	33	8
Mantequilla y margarina a temperatura ambiente	200	150	133	100	67	50	10
Mantequilla y margarina fría	160	120	107	80	53	40	8
Miel de abeja	160	120	107	80	53	40	18

	1 cucharada	½ cucharada	1 cucharadita	½ cucharadita	¼ de cucharadita
Bicarbonato de sodio	12	6	4	2	1
Especias en polvo	10	5	3	1.5	0.75
Fécula de maíz	8	4	2.5	1.25	0.6
Hidróxido de sodio	14	7	5	2.5	1.75
Leche en polvo	20	10	5	2.5	1.75
Levadura en polvo	10	5	3	1.5	0.75
Levadura fresca	15	7.5	5	2.5	1.75
Polvo para hornear	10	5	3	2	0.75
Sal	20	10	6.5	3	1.5
Huevo	1 pieza sin cascarón = 50 g		1 yema = 20 g		1 clara = 30 g

INGREDIENTES LÍQUIDOS (medidas en mililitros)										
	1 taza	¾ de taza	⅔ de taza	½ taza	⅓ de taza	¼ de taza	1 cucharada	½ cucharada	1 cucharadita	½ cucharadita	¼ de cucharadita
Aceite, agua, leche, extracto de vainilla, etcétera	240	180	160	120	80	60	15	7.5	5	2.5	1.25

APFELKUCHEN

Kuchen y Torte son dos palabras alemanas que pueden ser traducidas al español como pastel, pero designan dos preparaciones distintas. Kuchen se refiere a un pastel sencillo, poco dulce y sin capas ni rellenos o coberturas dulces o cremosos. La preparación y consumo del Kuchen data de hace varios siglos, por lo que existe una gran variedad de recetas y formas de elaboración. No obstante, comúnmente la base del pastel es una masa enriquecida con mantequilla, similar a la de un pan brioche, pero poco dulce, que se coloca en la base de un molde o charola para hornear; sobre ella se distribuyen distintos tipos de fruta cocida, por ejemplo, manzana, ciruela o durazno, y se cubre con un Streusel; estos últimos son los elementos dulces del pastel. Otros ingredientes comunes en los Kuchen son pasas, especias, frutos secos y chocolate.

La versión que presento a continuación es una de las más populares: el Apfelkuchen o pastel de manzana, relleno de manzana caramelizada y cubierto con un crumble de mantequilla. Sírvalo acompañado de café o té a manera de postre o desayuno. Si desea probar una versión diferente, sustituya las manzanas por la misma cantidad de plátano, durazno, cereza, frutos rojos o pera.

RENDIMIENTO: 1 *Apfelkuchen* PREPARACIÓN: 1 h REPOSO: 1 noche + 1 h 30 min COCCIÓN: 50 min

Equipo y utensilios

batidora eléctrica con pala, manga pastelera (opcional), sartén, rodillo, 2 charolas para hornear de 30 × 40 cm, una engrasada con mantequilla

Ingredientes

PASAS MACERADAS
100 g de pasas rubias o sultanas
40 ml de ron añejo

PASTA DE ALMENDRA
100 g de pasta de almendra al 30%
20 g de mantequilla a temperatura
  ambiente, suavizada

MANZANAS CARAMELIZADAS
40 g de mantequilla
40 g de azúcar mascabado
5 manzanas amarillas
  descorazonadas, peladas
  y picadas

5 g de canela molida

CRUMBLE
200 g de harina de trigo
140 g de mantequilla fría cortada
  en cubos
150 g de azúcar mascabado
1 g de sal
2 g de canela molida

TERMINADO
½ receta de Masa *brioche*
  (ver pág. 28)
harina de trigo para enharinar

Procedimiento

PASAS MACERADAS

1 Mezcle en un tazón las pasas rubias o sultanas con el ron añejo y déjelas macerar a temperatura ambiente durante una noche.

PASTA DE ALMENDRA

1 Bata la pasta de almendra con una espátula o con la pala de la batidora eléctrica hasta que se suavice. Añada la mantequilla y continúe

Elabore la masa brioche un día antes de armar y hornear el pan; después de la fermentación consérvela en refrigeración.

batiendo hasta obtener una pasta homogénea de consistencia untable. Introduzca la pasta en una manga pastelera y resérvela.

MANZANAS CARAMELIZADAS

1 Ponga sobre el fuego un sartén con la mantequilla y el azúcar mascabado; cuando se derritan y se forme un caramelo claro, añada los trozos de manzana y saltéelos durante 5 minutos o hasta que se suavicen ligeramente. Incorpore a la preparación la canela molida, retírela del fuego y déjela enfriar.

CRUMBLE

1 Coloque en el tazón de la batidora eléctrica la harina de trigo con los cubos de mantequilla y bata hasta obtener una consistencia arenosa. Añada el azúcar mascabado, la sal y la canela molida, y continúe batiendo a velocidad baja hasta obtener una masa suave y granulosa. Transfiera el *crumble* a un tazón y refrigérelo entre 30 minutos y 1 hora.

TERMINADO

1 Deje temperar la masa *brioche* fuera del refrigerador durante media hora. Enharine una superficie de trabajo, coloque encima la masa y extiéndala con el rodillo hasta obtener un rectángulo de 1.5 centímetros de grosor y del mismo tamaño que la charola.

2 Coloque la masa sobre la charola engrasada y presiónela con las yemas de los dedos, de manera que cubra bien toda la superficie de la charola. Si la masa se contrae, déjela reposar algunos minutos y extiéndala nuevamente.

3 Escurra las pasas maceradas y distribúyalas sobre la masa. Distribuya también la pasta de almendra formando montoncitos en toda la superficie de la masa con un espacio de 5 centímetros entre cada uno (puede omitir el uso de la manga pastelera y formarlos con una cuchara). Distribuya encima las manzanas caramelizadas y extiéndalas con una espátula para alisar la superficie. Finalmente, espolvoree el *crumble*. (Fotos 1, 2 y 3.)

4 Cubra la preparación con plástico autoadherente y déjela reposar durante 1 hora a temperatura ambiente. Precaliente el horno a 160 °C.

5 Retire el plástico del *Kuchen* y hornéelo durante 15 minutos; saque la charola del horno, póngale debajo la charola vacía y continúe el horneado durante 15 minutos más (esto evitará que la base del pan se queme). Retire el *Kuchen* del horno y déjelo enfriar 5 minutos. Córtelo en rectángulos de 6 × 8 centímetros y sírvalos calientes o fríos.

AREPA

La arepa es un pan plano hecho con harina de maíz típico de Colombia y Venezuela, cuyo origen se remonta a la época prehispánica. Los indígenas que habitaban dicha región molían el maíz con piedras para obtener harina, y con ella preparaban tortitas que cocían en un tipo de comal de barro al que se le conoce ahora como "aripo" o "budare". Con el paso del tiempo, cada región fue adaptando una receta que se diferenciaba en el tipo de maíz utilizado, el tamaño, la forma y el grosor. A mediados del siglo XX, la harina de maíz precocido se introdujo al mercado sudamericano, lo cual facilitó su elaboración. Actualmente cada familia tiene su propia receta de masa y sus preferencias de tamaño, grosor y tipo de cocción (ya sea asada, frita u horneada), lo que da como resultado arepas con texturas y sabores diferentes.

Lo que diferencia las arepas venezolanas de las colombianas generalmente es el relleno. En Colombia suelen consumirse solas, con mantequilla o con un relleno simple como queso; es común comerla como acompañamiento de platillos principales. En cambio, en Venezuela a mediados del siglo pasado, se arraigó la costumbre de rellenarlas con distintos ingredientes, como frijoles negros, plátano maduro, aguacate, jitomate, carne y pollo deshebrados y huevo. Estos rellenos son los que le otorgan el nombre a las arepas venezolanas; por ejemplo, la "reina pepiada" consiste en una arepa rellena con una mezcla de pollo deshebrado, aguacate y mayonesa; la "caraota" lleva caraotas (variedad de frijoles negros) y queso, y la "peluá" lleva carne deshebrada y queso amarillo rallado. En algunas zonas de Sudamérica a las arepas también se les conoce como tortilla, changa o tijitafun.

RENDIMIENTO: 16 arepas   PREPARACIÓN: 25 min   COCCIÓN: 30 min

Equipo y utensilios
comal o sartén de hierro fundido, charola para hornear

Ingredientes
300 g de harina de maíz
   blanco precocido
10 g de sal
380 ml de agua tibia

La harina de maíz que se utiliza para preparar arepas está hecha con maíz precocido y es distinta a la harina de maíz nixtamalizado que en México se utiliza en la elaboración de masa para tortillas y antojitos.

Procedimiento

1 Combine en un tazón la harina de maíz y la sal. Agregue gradualmente el agua tibia mezclando con una mano hasta obtener un tipo de pasta de consistencia poco espesa. Déjela reposar durante 1 minuto, o que se espese ligeramente y, posteriormente, amásela durante 5 minutos o hasta que la masa adquiera una consistencia firme que permita moldearla con las manos.

2 Forme con la masa esferas de 5 centímetros de diámetro. Aplane cada una colocándolas entre dos trozos de plástico sobre una superficie plana y presionándolas con la base de un plato plano hasta que obtenga el grosor deseado. (También puede darles forma con las manos, como si fueran gorditas.)

3 Ponga sobre fuego medio el comal o el sartén; cuando se caliente, cueza las arepas por uno de sus lados hasta que se despeguen y se deslicen fácilmente del comal o sartén; después, deles la vuelta y continúe la cocción durante un par de minutos más.

4 Precaliente el horno a 180 °C.

5 Coloque las arepas en la charola y hornéelas durante 10 minutos. Verifique la cocción golpeando ligeramente una arepa por uno de sus lados: deberá escucharse un sonido hueco.

6 Sirva las arepas calientes para acompañar sus alimentos, o bien, córtelas por la mitad a lo ancho y rellénelas con los ingredientes de su preferencia.

BABKA

Babka significa "pequeña abuela" en yidis del este europeo, ucraniano y ruso. La historia de este pan es muy antigua y existen varias teorías sobre su origen. Una de ellas lo relaciona con los panes de comunión que se consumían en las regiones eslavas durante la Pascua; otra, le adjudica un origen italiano, y una más sugiere que los babkas, generalmente redondos, eran símbolo de fertilidad en las antiguas sociedades del norte de Europa. Se dice que la elaboración de babkas fue adoptada por las mujeres en los shtetls de Europa del este, quienes trenzaban restos de challah con semillas o frutos secos y los horneaban en moldes altos y redondos.

A inicios del siglo XX, una gran población judía proveniente de shtetls de Polonia, Ucrania y Rusia se asentó en Nueva York, y fueron estos judíos neoyorkinos quienes adaptaron platos tradicionales, como los bagels, con los ingredientes disponibles en su nuevo hogar. Fue así como nació la versión moderna del babka relleno de chocolate o canela y, en ocasiones, pasta de almendras, así como su forma de trenza rectangular.

Las vetas de chocolate o canela que se forman en las rebanadas de babka asemejan la piel de un tigre; aunque este fantástico resultado sugiere que el proceso de elaboración es complicado, la realidad es que para lograrlo únicamente es necesario seguir el procedimiento paso a paso y respetar los tiempos de leudado. Sirva este pan como postre, acompañado de una taza de café o té, o durante el desayuno con chocolate caliente.

RENDIMIENTO: 2 babkas **PREPARACIÓN:** 1 h **COCCIÓN:** 50 min **REPOSO:** 1-2 h

Equipo y utensilios

rodillo, espátula, 2 moldes para panqué de 20 cm de largo engrasados con mantequilla, rejilla, charola

Ingredientes

RELLENO DE CHOCOLATE
40 g de cocoa
25 g de harina de trigo
100 g de huevo
5 ml de extracto de vainilla
220 g de mantequilla
240 g de azúcar mascabado

GLASEADO DE NARANJA O DE LIMÓN
380 g de azúcar glass

1 g de sal
90 ml de leche evaporada
la ralladura de 1 naranja
　o de 1 limón

TERMINADO
harina de trigo para enharinar
1 receta de Masa *brioche*
　(ver pág. 28)
200 g de nueces tostadas
　y troceadas

Procedimiento

RELLENO DE CHOCOLATE

1 Cierna la cocoa con la harina de trigo. Bata ligeramente el huevo con el extracto de vainilla. Reserve ambas mezclas por separado.

2 Ponga sobre el fuego un sartén con la mantequilla y el azúcar mascabado; cuando se derritan, agregue la mezcla de harina y cocoa y mezcle hasta obtener una preparación de color uniforme. Añada el

Elabore la masa brioche un día antes de armar el pan y consérvela en refrigeración.

huevo con vainilla y mezcle nuevamente hasta que la consistencia de la preparación sea homogénea. Déjela enfriar y resérvela en refrigeración.

GLASEADO DE NARANJA O DE LIMÓN

1 Mezcle en un recipiente el azúcar glass y la sal. Agregue poco a poco la leche evaporada e incorpórela con un batidor globo hasta obtener una preparación ligeramente espesa y sin grumos. Añada la ralladura de naranja o de limón y mezcle bien. Reserve a temperatura ambiente.

TERMINADO

1 Deje temperar la masa *brioche* fuera del refrigerador durante media hora. Enharine una superficie de trabajo, coloque encima la masa y extiéndala con el rodillo hasta obtener un rectángulo de 40 × 60 centímetros y de 1 centímetro de grosor; levántelo de la superficie y espolvoree ésta nuevamente con harina para evitar que la masa se pegue.

2 Distribuya con una espátula el relleno de chocolate sobre toda la superficie del rectángulo y espolvoree encima las nueces tostadas. (Foto 1.)

3 Enrolle el rectángulo sobre sí mismo, comenzando por uno de los lados cortos y manteniéndolo lo más apretado posible; cuando llegue a la mitad, separe el rollo del resto de la masa realizando un corte vertical; continúe enrollando el resto de la masa. Deberá obtener dos rollos; pellizque ligeramente el borde de cierre de ambos. (Foto 2.)

4 Corte los rollos por la mitad a lo largo para obtener dos tiras de cada uno. Tuerza dos de las tiras entre sí para formar una trenza e introdúzcala en uno de los moldes. Repita este paso con las dos tiras restantes. (Fotos 3, 4 y 5.)

5 Cubra los moldes con plástico autoadherente y deje reposar las trenzas a temperatura ambiente entre 1 y 2 horas o hasta que dupliquen su volumen. Precaliente el horno a 180 °C.

6 Hornee los *babkas* entre 30 y 40 minutos o hasta que se doren. Retírelos del horno, desmóldelos y déjelos enfriar sobre la rejilla.

7 Coloque la rejilla sobre la charola y bañe los panes con el glaseado. Córtelos en rebanadas con un cuchillo de sierra. (Foto 6.)

BAGEL

Según una leyenda, el primer bagel fue creado por un panadero vienés en 1683 en honor al rey polaco Jan Sobieski quien salvó a Austria de los invasores turcos; dado que el rey era famoso por su amor a los caballos, el panadero decidió hacer un pan en forma de estribo, o beugel en alemán. Con el paso del tiempo los bagels se popularizaron en Cracovia y los panaderos judíos comenzaron a elaborarlos en sus propias panaderías, pues era un pan que se ajustaba fácilmente a su restrictiva dieta.

Actualmente son mundialmente famosos los bagels untados con queso crema asociados con el desayuno estadounidense. El bagel hizo su entrada a Estados Unidos a finales del siglo XIX, gracias a las comunidades judías provenientes de Europa del este que se asentaron en Nueva York y Chicago. En 1907 se creó la International Beigel Bakers Union, la cual monopolizó la producción de bagels en la ciudad de Nueva York; la fabricación de estos panes, cuya receta era secreta, era considerada una actividad especializada y se restringió a los miembros del sindicato; solamente los hijos de los miembros eran invitados a unirse. Todo esto cambió en la década de los años sesenta, después de que Daniel Thompson inventara una máquina automática capaz de producir hasta 4 800 bagels por hora. A lo largo del siglo XX este pan fue ganando popularidad gradualmente en toda la población del territorio norteamericano y, por lo mismo, su elaboración y consumo se fue transformado. Hoy encontramos bagels salados y dulces, decorados con todo tipo de semillas y demás ingredientes, además de que con ellos se preparan una gran variedad de sándwiches.

El bagel es un pan sencillo que tradicionalmente se forma a mano. De sabor neutro, su forma es redonda con un orificio en el centro, y tiene un procedimiento de cocción peculiar: la masa se sumerge en agua hirviendo y posteriormente se hornea. El pochado de la masa forma una corteza en el exterior que ocasiona que el interior se sobreferemente y que, al no poder expandirse, produzca una miga cerrada; se obtiene entonces un pan con un exterior liso y crujiente, y un interior de consistencia densa. Asimismo, esta corteza sirve como protección y prolonga su tiempo de vida.

RENDIMIENTO: 19 *bagels*   PREPARACIÓN: 1 h 50 min   REPOSO: 1 noche + 2-4 h 30 min   COCCIÓN: 20 min

Equipo y utensilios

charola enharinada, olla, espumadera, rejilla, charolas para hornear con papel siliconado o tapete de silicón

Ingredientes

ESPONJA
370 g de harina de trigo
500 ml de agua
5 g de levadura en polvo

MASA
600 g de harina de trigo + cantidad
    suficiente para enharinar

40 g de azúcar
15 g de sal

TERMINADO
4 l de agua
5 g de sal
10 g de bicarbonato de sodio
200 g de semillas de amapola,
    ajonjolí o girasol

El reposo de la masa en refrigeración le permite desarrollar el sabor ácido característico de los bagels.

Procedimiento

ESPONJA

1 Elabore la esponja como se indica en la página 22.

MASA

1 Combine en un tazón la harina de trigo, el azúcar y la sal; forme un orificio al centro de la mezcla, agregue la esponja e incorpórela gradualmente a la mezcla de harina hasta formar una masa.

2 Enharine una superficie de trabajo, coloque encima la masa y amásela durante 20 minutos o hasta que se despegue fácilmente de la superficie y tenga una consistencia firme y elástica.

3 Engrase ligeramente un tazón, coloque dentro la masa y cúbrala con plástico autoadherente. Déjela reposar a temperatura ambiente hasta que duplique su volumen.

TERMINADO

1 Enharine la superficie de trabajo y ponche en ella la masa; divídala en porciones de 70 gramos y déjelas reposar durante 10 minutos. Bolee las porciones de masa; espolvoréelas con un poco más de harina, cúbralas con una bolsa de plástico y déjelas reposar durante 20 minutos.

2 Haga un orificio en el centro de una de las esferas, presionándola con el dedo. Levántela de la superficie, introduzca el dedo índice de cada mano en el orificio y vaya girando la masa estirándola delicadamente con los dedos para ir ensanchando el orificio; deberá obtener un aro. Repita

este paso con el resto de las porciones de masa. (Fotos 1 y 2.)

3 Coloque los aros de masa en la charola enharinada y cúbralos con plástico autoadherente. Déjelos reposar en refrigeración durante una noche.

4 Precaliente el horno a 215 °C.

5 Ponga sobre el fuego una olla con el agua, la sal y el bicarbonato; cuando hierva, sumerja en ella algunos aros de masa (la cantidad dependerá del tamaño de la olla) y déjelos cocer durante 1 minuto por ambos lados o hasta que se hinchen. Sáquelos con ayuda de la espumadera y colóquelos sobre la rejilla para escurrir el exceso de agua. Deje que el agua hierva nuevamente y repita el procedimiento con el resto de los aros de masa. (Fotos 3 y 4.)

6 Coloque los *bagels* en charolas para hornear y espolvoréelos con las semillas de amapola, ajonjolí o girasol. (Fotos 5 y 6.)

7 Hornee los *bagels* durante 8 minutos, girando las charolas a la mitad de la cocción para que se doren uniformemente. Déjelos enfriar ligeramente sobre la rejilla antes de servirlos, o bien, déjelos enfriar completamente, introdúzcalos en bolsas de plástico resellables y consérvelos en refrigeración durante 5 días o en congelación hasta por 3 meses.

BAGUETTE

La baguette es uno de los productos de la cocina francesa más reconocidos internacionalmente. En términos generales, pues no existe una definición oficial, una baguette es un pan blanco alargado y delgado, de entre 50 y 80 centímetros de largo y entre 5 y 6 centímetros de diámetro, con 5 greñas en la superficie; su miga es suave y alveolada y su costra dorada y crujiente. Dependiendo de la región donde se elabore, el grosor, el largo y el peso varían; por ejemplo, en París, una baguette pesa entre 250 y 300 gramos, mientras que en Marsella, el peso es de 200 gramos. Algunos panes son considerados como variantes de la baguette: la ficelle, de forma y tamaño similar, pero más delgada, de entre 100 y 150 gramos; la flûte, más gruesa que la baguette, de 400 gramos; y la media baguette, utilizada para sándwiches.

En Francia los primeros panes alargados, aunque no delgados, aparecieron en el siglo XVII; éstos se diferenciaban de los panes ordinarios conocidos como boules que tenían forma esférica. Para mediados del siglo XVIII era común encontrar, en las panaderías parisinas, varios tipos de panes largos y delgados, algunos llagaban a medir hasta 90 centímetros de largo y a pesar hasta 2 kilogramos. A estos panes se les conocía como pains de fantaisie, pues eran distintos a los panes ordinarios, no sólo en la forma, sino que también se elaboraban con ingredientes de mejor calidul, como harina refinada, levadura de cerveza y, en algunos casos, leche o mantequilla. En el siglo XIX los pains de fantaisie eran bastante populares y existían distintas variedades con nombre, forma y tamaño específicos, algunos ejemplos son el pain jocko, el pain fendu y el pain marchand de vin. La baguette hizo su aparición alrededor de 1920. Aunque su origen no esté oficialmente documentado, es probable que sea el resultado de una evolución de los pains de fantaise y de una adaptación a nuevos métodos de preparación y las nuevas tecnologías disponibles después de la Primera Guerra Mundial.

RENDIMIENTO: 5 *baguettes*   **PREPARACIÓN:** 1 h 30 min   **REPOSO:** 3 h   **COCCIÓN:** 50 min

Equipo y utensilios

batidora eléctrica con gancho (opcional), tela para pan, charolas para hornear con papel siliconado o charolas perforadas y onduladas, navaja, sartén de hierro, rejilla

Durante la primera fermentación de la masa se desarrollan los sabores básicos del pan, por lo tanto, es recomendable que respete el tiempo de reposo para evitar obtener un pan de sabor insípido.

Ingredientes

1 kg de *Poolish* (ver pág. 23)
125 ml de agua
500 g de harina de trigo + cantidad suficiente para enharinar

3 g de levadura en polvo
18 g de sal

Procedimiento

1 Deje temperar el *poolish* a temperatura ambiente durante 1 hora, si estaba en el refrigerador. Mézclelo con el agua en un tazón grande. Agregue la harina de trigo y la levadura en polvo e incorpórelas manualmente hasta obtener una masa. Amásela durante 5 minutos o hasta que obtenga una masa firme. Añádale la sal y continúe amasándola durante 2 minutos más. Verifique la consistencia: si está muy seca, agregue un poco de agua; en cambio, si está muy líquida, agregue un poco de harina.

2 Continúe amasando a mano sobre una superficie de trabajo o, si lo desea, en la batidora eléctrica, hasta que la masa sea elástica y resistente. Forme una esfera con ella y colóquela dentro de un tazón previamente enharinado; cúbrala con plástico autoadherente y déjela reposar a temperatura ambiente

durante 40 minutos o hasta que duplique su volumen. Ponche la masa dentro del tazón, cúbrala nuevamente y déjela reposar otros 40 minutos.

3 Enharine ligeramente una superficie de trabajo y encima, ponche la masa; divídala en porciones de 350 gramos y boléelas. Cúbralas con plástico autoadherente, el cual deberá hacer contacto directo con la masa, y déjelas reposar durante 10 minutos.

4 Retire el plástico y aplaste las esferas de masa con las yemas de los dedos para darles forma rectangular. Cubra los rectángulos con el plástico y déjelos reposar 10 minutos. (Foto 1.)

5 Enharine la superficie de trabajo y coloque encima uno de los rectángulos; ponga el dedo pulgar un centímetro debajo de una de las orillas largas del rectángulo y dóblela sobre el pulgar; aplaste todo el doblez con las yemas de los dedos o la palma de la mano y retire el pulgar. Continúe enrollando y apretando de la misma forma hasta obtener un rollo; presione bien el cierre final y dé la vuelta al pan para que el doblez del cierre quede en contacto con la superficie de trabajo. Repita este paso con el resto de los rectángulos y déjelos reposar sobre la superficie enharinada, cubiertos con plástico durante 10 minutos. (Fotos 2 y 3.)

6 Retire el exceso de harina de la superficie. Tome uno de los rollos de masa y ruédelo con ambas manos sobre la superficie, presionándolo ligeramente para obtener una tira de aproximadamente 50 centímetros; ejerza un poco más de presión en las áreas que sienta más gruesas para obtener un grosor uniforme. Finalmente, adelgace los extremos de la tira para darle la forma tradicional de la *baguette*. (Foto 4.)

7 Coloque las *baguettes* con el doblez de cierre hacia abajo, una por una, sobre la tela enharinada, separando cada una con un doblez de la misma tela para evitar que se peguen. Déjelas fermentar cubiertas con la misma tela durante 1 hora. (Foto 5.)

8 Precaliente el horno a 260 °C.

9 Transfiera delicadamente las *baguettes* a las charolas ayudándose con la tela para evitar poncharlas; asegúrese de que el doblez de cierre de cada una quede por debajo. Espolvoréelas con un poco de harina y efectúe un greñado poco profundo con la navaja. (Foto 6.)

10 Coloque el sartén sobre el fuego durante 10 minutos, páselo con cuidado al piso del horno. Introduzca las *baguettes* en el horno, vierta ¼ de taza de agua en el sartén caliente y cierre el horno inmediatamente.

11 Hornee las *baguettes* durante 15 minutos; posteriormente, disminuya la temperatura a 200 °C y gire las charolas para que las *baguettes* se doren de manera uniforme, continúe la cocción entre 20 y 25 minutos más o hasta que estén bien doradas. Retírelas del horno y déjelas enfriar sobre la rejilla.

BAGUETTE RÚSTICA DE CERVEZA

En varias civilizaciones antiguas el origen de la elaboración de panes fermentados está directamente ligado con la producción de bebidas fermentadas, como el vino y la cerveza, y en ambos casos el proceso de fermentación sucedió de forma espontánea. Por ejemplo, los egipcios y los griegos antiguos sabían que si dejaban uvas o granos de cebada o trigo en recipientes tapados durante mucho tiempo, obtendrían eventualmente una bebida con características sensoriales específicas que generaban un efecto reconfortante al consumirlas: vino y cerveza. Asimismo, sabían que si dejaban reposar una masa de pan, obtenían un producto esponjoso, ligero y con un aroma y sabor particulares. Eventualmente, los panaderos descubrieron que podían inocular la masa nueva con un resto de masa del día anterior o de prefermento en el que la levadura ya estaba activa y que podían impulsar la fermentación agregando a la masa el residuo espumoso de la cerveza o del vino. Estas técnicas de fermentación de pan fueron la norma hasta finales del siglo XVIII, cuando destiladores holandeses introdujeron en el mercado una levadura diseñada especialmente, a partir de la levadura de cerveza Saccharomyces cerevisiae, para la fabricación de pan: posteriormente, a mediados del siglo XIX, panaderos vieneses, desarrollaron su propia técnica.

RENDIMIENTO: 6 *baguettes*   PREPARACIÓN: 1 h 30 min   REPOSO: 2 h 10 min   COCCIÓN: 50 min

Equipo y utensilios

tela para pan, charolas para hornear con papel siliconado o charolas perforadas y onduladas, aspersor, rejilla

Ingredientes

1.4 kg de *Poolish* de cerveza
   (ver pág. 23)
175 ml de agua
700 g de harina de trigo + cantidad
   suficiente para enharinar

4 g de levadura en polvo
25 g de sal

Procedimiento

1 Siga los pasos 1 a 7 del procedimiento de elaboración de la *Baguette*, disminuyendo el tiempo de reposo a 30 minutos en los pasos 2 y 7. Al momento de moldear las *baguettes* no adelgace las orillas.

2 Trascurrido el último proceso de fermentación, enharine la superficie de trabajo, coloque encima una *baguette*, sujete cada orilla con una mano y hágala rodar sobre la superficie en direcciones contrarias para torcer y enharinar la *baguette*. Repita este paso con el resto de las *baguettes*.

3 Precaliente el horno a 260 °C.

4 Transfiera las *baguettes* torcidas a las charolas y déjelas reposar durante 30 minutos. Introduzca las charolas en el horno y rocíe las paredes con agua utilizando el aspersor.

5 Hornee las *baguettes* durante 15 minutos. Posteriormente, disminuya la temperatura a 190 °C y gire las charolas para que se doren de manera uniforme. Continúe la cocción entre 20 y 25 minutos más o hasta que las *baguettes* estén bien doradas. Retírelas del horno y déjelas enfriar sobre la rejilla.

BERLINESA

La berlinesa, bola de Berlín o Berliner Pfannkuchen, es un pan dulce tradicional del norte de Alemania donde suele consumirse en épocas de Carnaval o en Navidad. Se cree que fueron creadas en 1756 por un panadero berlinés quien fue rechazado para servir en el ejército prusiano, pero el rey Federico El Grande le otorgó el permiso de ser el panadero del regimiento. Debido a que el ejército no tenía acceso a hornos, el panadero decidió freír una masa de pan dulce sobre fuego abierto. Los soldados comenzaron a llamar a este tipo de donas fritas Berliner en honor a la ciudad natal del panadero. Hoy las berlinesas se pueden encontrar en diversas panaderías de todo el mundo en cualquier época del año y con distintos nombres. Por ejemplo, a finales del siglo XIX se les otorgó el nombre de Bismarcken, en honor al canciller Otto von Bismarck. En algunas partes del norte del oeste estadounidense, Alberta y Saskatchewan, en Canadá, e incluso en Boston, Massachusetts, son conocidas como Bismarck. En Manitoba se les llama jam busters; en Gran Bretaña y Estados Unidos, jam o jelly doughnuts, es decir, donas de mermelada; en Berlín y en partes del este de Alemania se le conoce como Pfannkuchen; en el norte de Alemania y partes de Baden-Württemberg, como Berliner; en Aquisgrán, como Puffel, y alrededor de la región del Ruhr, se les llama Berliner Ballen.

La berlinesa se elabora con una masa fermentada dulce tipo brioche, similar a la de la dona, pero con agua como líquido de hidratación, y se cuece en aceite o manteca caliente, para que el interior se mantenga suave. Este pan suele rellenarse con mermelada de frutas, crema pastelera, cajeta o dulce de leche, y se cubre con algún glaseado o se espolvorea con azúcar glass, aunque cada panadero tiene su versión.

RENDIMIENTO: 25 berlinesas PREPARACIÓN: 1 h 30 min REPOSO: 2 h COCCIÓN: 40 min

Equipo y utensilios

olla, charolas, espátula, rodillo, 1 cortador circular de 8 cm de diámetro, cacerola para freír, espumadera, manga pastelera con duya de 5 mm

Ingredientes

MASA
450 ml de agua
22 g de levadura en polvo
150 g de yemas
100 g de azúcar
1 kg de harina de trigo
18 g de sal
80 g de manteca vegetal derretida, a temperatura ambiente
80 g de mantequilla cortada en cubos, a temperatura ambiente

CREMA PASTELERA
500 ml de leche
110 g de azúcar
50 g de fécula de maíz
1 vaina de vainilla abierta por la mitad a lo largo
80 g de yemas

TERMINADO
harina de trigo para enharinar
aceite para freír
cantidad suficiente de azúcar

Procedimiento

MASA

1 Bata en un tazón la mitad del agua con la levadura en polvo, las yemas y el azúcar. Deje reposar la mezcla durante 5 minutos.

2 Mezcle la harina de trigo con la sal y forme con esta mezcla un volcán sobre una superficie de trabajo; haga un orificio al centro, coloque dentro la mezcla de levadura y yemas y mézclela poco a poco con la harina del derredor. Añada gradualmente el agua restante mientras sigue incorporando el resto de la harina; trabaje la preparación con las manos hasta obtener una masa homogénea.

3 Añada a la masa poco a poco la manteca derretida y los cubos de mantequilla amasando hasta que se integren por completo. Trabaje la masa hasta que se despegue fácilmente de la superficie de trabajo y sea suave, elástica y resistente, pero no muy firme. Verifique la consistencia de la masa: si resulta muy seca, agréguele un poco más de agua; en cambio, si está muy líquida, agréguele un poco de harina.

4 Coloque la masa en un tazón previamente engrasado y cúbrala con plástico autoadherente. Déjela reposar a temperatura ambiente hasta que duplique su volumen.

CREMA PASTELERA

1 Bata en un tazón las yemas con 50 gramos de azúcar hasta que se blanqueen y esponjen e incorpóreles la fécula de maíz. Reserve.

2 Hierva en una olla sobre el fuego la leche con el azúcar restante y la vaina de vainilla. Cuele la leche, regrese la mitad a la cacerola y resérvela. Vierta la leche restante sobre la mezcla de yemas batiendo constantemente hasta obtener una mezcla homogénea y añádala a la leche que reservó.

3 Coloque la cacerola sobre fuego medio y caliente la preparación mezclándola constantemente con un batidor globo hasta que espese y cubra el dorso de una cuchara.

4 Vierta la crema pastelera en una charola y extiéndala con una espátula. Cúbrala con plástico autoadhrente el cual deberá estar en contacto directo con la superficie de la crema para evitar que se forme una costra. Déjela enfriar por completo y resérvela en refrigeración.

TERMINADO

1 Enharine una superficie de trabajo, coloque encima la masa, pónchela y espolvoréela con un poco más de harina. Extiéndala con un rodillo hasta que obtenga un rectángulo de 1 centímetro de grosor, espolvoreando la superficie y la masa con un poco más de harina cuando sea necesario.

2 Corte el rectángulo de masa con el cortador circular. Coloque los discos en una charola ligeramente enharinada, cúbralos con plástico autoadherente y déjelos reposar durante 30 minutos. Amase los recortes de masa y forme con ellos una esfera. Déjela reposar durante 20 minutos y extiéndala con un rodillo para formar más discos.

3 Caliente el aceite en la cacerola hasta que alcance una temperatura de 180 °C, o hasta que al sumergir un trozo pequeño de masa, éste se dore en 30 segundos. Fría los discos de masa, en tandas de 2 o 3, entre 2 y 3 minutos por ambos lados o hasta que se doren. Escúrralos con la espumadera y déjelos reposar sobre papel absorbente. Repita este paso con el resto de los discos.

4 Coloque el azúcar en un tazón y revuelque en él las berlinesas todavía calientes.

5 Bata la crema pastelera e introdúzcala en la manga pastelera. Inserte una brocheta de madera por un extremo de cada berlinesa para llegar al centro de la misma, y rellene este orificio con la crema pastelera.

BOLILLO

Este pan llegó a México por influencia francesa en la época del Porfiriato, y hoy en día es sin duda uno de los más famosos y más consumidos en México. Un buen bolillo verdaderamente indica si el panadero es experimentado o no, ya que su elaboración requiere de técnica y precisión. Se trata de un pan blanco muy versátil porque puede acompañarse tanto de ingredientes dulces, como salados, comerse sólo con un café o un vaso de leche, ser acompañante de una comida o rellenarse de alguna preparación.

   Su forma es similar a la de un rombo con un corte en la parte superior, este último, a diferencia de la baguette, es más corto. Una de las características más importantes es que su costra o parte exterior debe ser crujiente y su interior esponjoso y suave, por lo que es preferible consumirlo recién hecho. Existen algunas variantes con la misma receta, pero de diferente forma, como la telera. También suele asociarse con el birote de Jalisco, aunque difiere en textura, forma y sabor.

RENDIMIENTO: 18 bolillos PREPARACIÓN: 1 h 40 min REPOSO: 1 h 45 min COCCIÓN: 25 min

Equipo y utensilios

charolas para hornear cubiertas con papel siliconado o tapete de silicón, navaja, aspersor, rejilla

Ingredientes

1 kg de harina de trigo + cantidad suficiente para enharinar
20 g de sal
15 g de levadura en polvo

600 ml de agua
1 receta de Masa madre con reposo mínimo de 4 h (ver pág. 23)

Procedimiento

1 Forme con la harina un volcán sobre una superficie de trabajo y espolvoree alrededor la sal. Haga un orificio en el centro, coloque dentro la levadura en polvo y mézclela con la mitad del agua, la masa madre y con un poco de la harina del derredor. Agregue gradualmente el resto del agua y continúe incorporando el resto de la harina poco a poco. Amase hasta obtener una masa homogénea y elástica que se despegue de la superficie de trabajo.

2 Engrase ligeramente un tazón, coloque dentro la masa, cúbrala con plástico autoadherente y déjela reposar durante 30 minutos.

TERMINADO

1 Enharine la superficie de trabajo, coloque encima la masa y pónchela. Divídala en porciones de 100 gramos, boléelas, espolvoréelas con harina y cúbralas con una bolsa de plástico o manta de cielo; déjelas reposar durante 15 minutos o hasta que dupliquen su volumen.

2 Tome una de las esferas de masa y aplástela con la yema de los dedos. Levante el borde superior y dóblelo hacia el centro; aplaste todo el doblez con los dedos y continúe enrollando y presionando hasta

formar un rollo apretado. Adelgace los extremos del pan para que el centro quede más alto. Repita este procedimiento con el resto de las esferas de masa. (Fotos 1, 2 y 3.)

3 Coloque los panes con la unión hacia abajo sobre las charolas. Cúbralos con la bolsa de plástico o la manta de cielo para evitar que se resequen, y déjelos reposar a temperatura ambiente durante 1 hora o hasta que dupliquen su volumen. Precaliente el horno a 240 °C.

4 Retire la bolsa de plástico o la manta de cielo de los panes, espolvoréelos con un poco de harina y há-

gales un greñado poco profundo con la navaja a lo largo de cada uno. (Foto 4.)

5 Introduzca las charolas en el horno y rocíelo con un poco de agua utilizando el aspersor. Hornee los bolillos durante 10 minutos; baje la temperatura del horno a 190 °C y continúe la cocción durante 15 minutos más o hasta que se doren y estén firmes. Sáquelos del horno y déjelos enfriar sobre la rejilla.

BOLLO DE LECHE

El bollo de leche o pain au lait en francés, es un pan delicado, ideal para servir en el desayuno con mantequilla y mermelada, aunque también se considera un acompañamiento ideal para una comida o cena elegante. Para elaborar la masa de este pan el único líquido que se utiliza es leche y se enriquece con una cantidad justa de mantequilla; antes de hornearse, los bollos se cubren con una delgada capa de brillo de huevo. El resultado es un pan con un exterior dorado y crujiente que encierra una miga de textura ligera, esponjosa, muy suave y cremosa.

La receta que presento a continuación es para elaborar panes individuales con forma de esfera, aunque si lo desea, puede cambiar el gramaje y forma de los bollos a su gusto; en este caso tendrá que ajustar el tiempo de horneado.

RENDIMIENTO: 16 bollos   PREPARACIÓN: 1 h   REPOSO: 4 h   COCCIÓN: 25 min

Equipo y utensilios

batidora eléctrica con gancho, charolas para hornear cubiertas con papel siliconado o tapete de silicón, brocha

Ingredientes

500 g de harina de trigo
20 g de azúcar
11 g de sal
15 g de miel de abeja
12 g de levadura en polvo
350 ml de leche

70 g de mantequilla cortada en cubos, a temperatura ambiente

TERMINADO
harina de trigo para enharinar
cantidad suficiente de Brillo de huevo (ver pág. 78)

Guarde los bollos en un recipiente hermético, se conservarán suaves hasta por 3 días.

Procedimiento

1 Mezcle en la batidora eléctrica a velocidad media la harina de trigo, el azúcar, la sal, la miel de abeja, la levadura en polvo y tres cuartas partes de la leche durante 4 minutos. Sin dejar de batir, agregue gradualmente la cantidad necesaria de leche para obtener una masa homogénea.

2 Continúe batiendo la masa hasta que tenga una consistencia ligeramente elástica. Aún batiendo, añada poco a poco los cubos de mantequilla. Continúe con el amasado hasta obtener una masa suave y elástica.

3 Coloque la masa en un tazón ligeramente engrasado, cúbrala con plástico autoadherente y déjela reposar a temperatura ambiente hasta que duplique su volumen.

TERMINADO

1 Ponche la masa sobre una superficie de trabajo. Regrésela al tazón y déjela reposar nuevamente durante 1 hora.

2 Enharine la superficie de trabajo, encima, ponche la masa y divídala en porciones de 70 gramos. Déjelas reposar durante 10 minutos y boléelas.

3 Coloque las esferas de masa en las charolas, separadas por una distancia de 4 centímetros. Cúbralas con plástico autoadherente y déjelas reposar durante 1½ horas. Precaliente el horno a 190 °C.

4 Barnice las esferas de masa con brillo de huevo y hornéelas durante 25 minutos o hasta que estén doradas. Saque los bollos del horno y sírvalos calientes o tibios.

BRIOCHE À TÊTE

Brioche es una palabra que hace referencia a una masa con la que se preparan distintos panes y preparaciones tanto dulces como saladas. Por extensión, algunos de los panes que se elaboran con esta masa reciben este nombre. Se dice que los creadores del brioche fueron los vikingos, quienes introdujeron su raza de vacas en la región de Normandía, en Francia, donde los primeros brioches aparecieron a inicios del siglo XV. Otras versiones sugieren que su origen se remonta a la Edad Media, cuando se elaboraban panes o tortas con harina, levadura, mantequilla, leche y huevos para celebrar ocasiones especiales. Asimismo, existen varias versiones sobre la etimología de la palabra brioche, pero la más aceptada indica que deriva del verbo brier, forma normanda antigua de broyer que significa aplastar (en el sentido de amasar la masa). El brioche llegó a París durante el siglo XVII proveniente de las regiones lecheras al occidente de Francia. La primera mención escrita de una receta data de 1742, con la especificidad de que para la fabricación del brioche parisino se utilizaba levadura, mientras que en Normandía y en otros lugares se utilizaba levain. A María Antonieta se le atribuye erróneamente una frase muy popular en torno a los pasteles, que en realidad se refiere a este pan: "si no tienen pan, por qué no comen brioche". Esta frase ilustra la distancia social que existía entre la nobleza y las clases populares pues en esa época las viennoiseries eran accesibles únicamente para las clases altas.

Actualmente el pan de masa brioche se elabora en todo el mundo y es de fácil acceso. Su consistencia es ligera, aireada y con un gran sabor a mantequilla. Lo ideal es que un brioche tenga entre 40 y 50% de mantequilla con respecto al peso de harina, aunque algunos maestros panaderos lo han llevado al límite, agregando hasta 70%. Al brioche à tête, que significa brioche con cabeza, se le conoce también como brioche parisienne o parisino. Está formado por dos esferas de masa superpuestas, una más grande que la otra, y es horneado en un molde acanalado.

RENDIMIENTO: 18 brioches à tête **PREPARACIÓN:** 1 h 40 min **REPOSO:** 14 h **COCCIÓN:** 17 min

Equipo y utensilios

18 moldes para brioche, engrasados y enharinados, brocha

Ingredientes

1 receta de Masa brioche
  (ver pág. 28)
harina de trigo para enharinar

1 huevo
½ yema
1 pizca de sal

Procedimiento

1 Deje temperar la masa brioche fuera del refrigerador durante media hora. Enharine una superficie de trabajo, encima, ponche la masa y divídala en porciones de 60 gramos. Boléelas y déjelas reposar durante 4 minutos.

2 Tome una de las esferas de masa y ruédela un poco sobre la superficie para darle forma cilíndrica. Divida imaginariamente el cilindro a lo largo en tres partes iguales; presione con la mano una de las uniones imaginarias de alguno de los extremos de la masa y mueva la mano de arriba abajo como si fuera a separarla de la masa, pero consérvela unida al resto. Deberá obtener una figura compuesta por una esfera

Guarde los brioches en un recipiente hermético. Se conservarán suaves hasta por 3 días.

pequeña unida a una esfera grande, similar a un bolo de boliche. Repita este paso con el resto de las porciones de masa y déjelas reposar durante 4 minutos. (Foto 1.)

3 Tome una de las figuras de masa y presione nuevamente la unión entre ambas esferas para adelgazarla. Presione el centro de la esfera grande con un dedo para hacer un orificio y agrándelo estirándolo un poco con los dedos. Pase la esfera pequeña, por debajo, a través de la esfera grande hasta que la primera sobresalga en la parte superior. Compacte ligeramente la figura de masa presionando los laterales y colóquela en uno de los moldes para brioche con la esfera pequeña hacia arriba. Repita este paso con el resto de las porciones de masa. (Fotos 2, 3, 4 y 5.)

4 Deje reposar los brioches a temperatura ambiente, cubiertos con plástico autoadherente, durante 40 minutos o hasta que dupliquen su volumen.

5 Precaliente el horno a 170 °C. Mezcle en un recipiente el huevo con la ½ yema y la sal. Retire de los brioches, con cuidado, el plástico o la manta de cielo y barnícelos con la mezcla de huevo.

6 Hornee los brioches durante 15 minutos. Reduzca la temperatura del horno a 120 °C y continúe la cocción durante 2 minutos más. Retírelos del horno, déjelos enfriar un par de minutos y desmóldelos.

CHALLAH

Originalmente el challah era un pan medieval consumido por cristianos alemanes quienes lo conocían con el nombre de barches. Los judíos que habitaban en regiones como Nuremberg, Regensburg, Rothenberg y Speyer lo adoptaron a principios del siglo XVI. Con el tiempo, la costumbre de usar el challah como un pan de šabbat se arraigó en Alemania, Austria y Bohemia, y fue llevado a Polonia, Europa del Este y Rusia cuando los judíos emigraron hacia el este. Antes de la industrialización la mayoría de los panes se elaboraban con harina de granos enteros, pues la harina refinada era muy costosa; sin embargo, éste no era el caso de los barches ni del challah, los cuales siempre se han elaborado con una harina más fina que el pan de consumo diario.

El nombre challah deriva del hebreo y se refiere a la porción de masa ofrendada a Jehová por mandamiento bíblico; según la tradición, era mandatorio separar una veinticuatroava parte de la masa y dársela a los kohanim (sacerdotes) cada šabbat. Al inicio del šabbat, es decir, cada viernes por la noche, se sirven en la mesa dos panes, cubiertos con una tela, representando la doble porción de maná que caería del cielo a los israelitas en el desierto. Las semillas de amapola y ajonjolí que se espolvorean sobre el pan también simbolizan el maná. A diferencia de los panes germánicos originales, el challah tradicional se elabora sin productos lácteos, de modo que pueda ser servido con carne y todavía ser kosher. El challah se hornea en varios tamaños y formas, cada una con distinto significado; por ejemplo, los panes trenzados, que pueden tener entre tres y seis hebras, son los más comunes y simbolizan el amor porque parecen brazos entrelazados; tres trenzas simbolizan la verdad, la paz y la justicia; dos trenzas de seis hebras representan a las 12 tribus de Israel; los panes redondos, donde no hay principio ni final, se hornean para el Rosh Hashaná como símbolo de continuidad. Durante temporadas festivas se hornean challahs dulces con miel o pasas para traer alegría y felicidad.

RENDIMIENTO: 2 challahs   PREPARACIÓN: 1 h 30 min   REPOSO: 2 h   COCCIÓN: 15-20 min

Equipo y utensilios
charolas para hornear con papel siliconado o tapete de silicón, brocha, rejilla

Ingredientes

ESPONJA
90 g de harina de trigo
80 ml de agua o leche
8 g de levadura en polvo

MASA
580 g de harina de trigo
12 g de sal
90 ml de agua
165 g de huevo
40 g de yemas

70 g de azúcar
45 g de miel de abeja
70 ml de aceite

TERMINADO
harina de trigo para
    enharinar
aceite para engrasar
cantidad suficiente de Brillo
    de huevo (ver pág. 78)
ajonjolí al gusto

Para hacer una trenza de 5 tiras comience sujetando la tira 1 con la mano izquierda y, con la mano derecha pase la tira 5 sobre la 2; después pase la tira 1 sobre la 3 y finalmente pase la tira 2 sobre la 3. Repita este patrón hasta terminar la trenza.

Procedimiento

ESPONJA

1 Elabore la esponja como se indica en la página 22.

MASA

1 Mezcle en un tazón la harina de trigo con la sal. Vierta la mitad del agua, la esponja, el huevo y las yemas, y mezcle con las manos hasta obtener una masa. Añada el azúcar y la miel de abeja y continúe trabajando la masa agregando gradualmente el resto del agua.

2 Transfiera la masa a una superficie de trabajo ligeramente enharinada y continúe el amasado incorporando poco a poco el aceite. Amase hasta obtener una masa que se despegue fácilmente de la superficie de trabajo y que sea suave y elástica.

3 Forme una esfera con la masa y colóquela dentro del tazón ligeramente engrasado; cúbralo con plástico autoadherente y deje reposar la masa a temperatura ambiente hasta que duplique su volumen.

TERMINADO

1 Enharine la superficie de trabajo, encima, ponche la masa y divídala en 10 porciones de 100 gramos; déjelas reposar durante 5 minutos y boléelas. Unte cada esfera de masa con un poco de aceite para evitar que se resequen, cúbralas con plástico autoadherente y déjelas reposar durante 15 minutos.

2 Forme con cada una de las esferas de masa tiras de 12 centímetros de largo, déjelas reposar durante 5 minutos y, posteriormente, estírelas hasta que alcancen 20 centímetros de largo. Adelgace ligeramente las puntas de cada una.

3 Espolvoree las tiras con harina. Acomode 5 de ellas paralelamente y júntelas por una de sus puntas; trénzelas, una las puntas finales y dóblelas por debajo de la trenza para esconderlas. Repita el trenzado con las 5 tiras restantes para obtener otra trenza. (Fotos 1, 2, 3, 4, 5 y 6.)

4 Coloque las trenzas sobre las charolas, barnícelas con brillo de huevo y espolvoréelas con ajonjolí. Cúbralas y déjelas reposar durante 40 minutos o hasta que dupliquen su volumen. Precaliente el horno a 180 °C.

5 Hornee las trenzas entre 15 y 20 minutos o hasta que se doren. Retírelas del horno y déjelas enfriar sobre una rejilla.

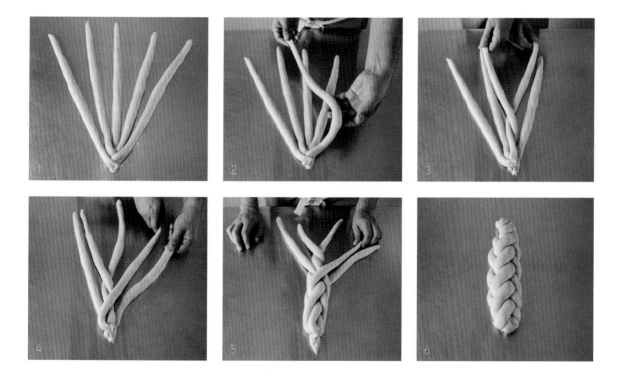

CIABATTA

La ciabatta es uno de los panes más recientes en el mercado. Su invención se le atribuye al italiano Arnaldo Cavallari, un piloto de automóvil de carreras. En 1982, en la localidad de Adria, Italia, con el fin de frenar el consumo creciente que en esos años había tenido la baguette francesa y que parecía monopolizar el mercado, Cavallari decidió crear un pan italiano que pudiera sustituirla. Durante varios meses se dio a la tarea de probar nuevas masas adaptando las recetas de panes regionales existentes y usando su propia harina de grano entero rica en minerales y en gluten, a la cual se le conoce como farina tipo 1 Italia. Al pan obtenido lo registró como Ciabatta Polesana; el primer nombre hace referencia a la forma del pan que es similar a una chancla o ciabatta en italiano, y el segundo a la región donde él trabajaba, la Polesine di Rovigo; en 1989 cambió el nombre a Ciabatta Italia. Desde entonces, Cavallari comenzó una intensa actividad de promoción del pan y de la harina que utilizaba en su elaboración, organizando cursos de especialización en la ciabatta italiana para los panaderos italianos y eventos en el extranjero. Actualmente la ciabatta es muy popular en todo el mundo.

La ciabatta es un pan de costra fina, lisa, crujiente y con un color dorado avellanado; su miga es suave y muy alveolada. La masa es muy húmeda y para su elaboración se utiliza una biga, que es el término italiano para designar una masa madre de poca levadura y fermentación prolongada; el resultado final es un pan de sabor profundo y aromático. La ciabatta se utiliza en rebanadas tostadas para preparar bruschettas o untarles paté y quesos cremosos como, gorgonzola y de cabra; también se presta para acompañar preparaciones jugosas con carne y pescado o salseadas, y es ideal para preparar sándwiches.

RENDIMIENTO: 6-8 ciabattas   PREPARACIÓN: 1 h 20 min   REPOSO: 3 h 30 min   COCCIÓN: 30-35 min

Equipo y utensilios
raspa, charola para hornear cubierta con papel siliconado o tapete de silicón, aspersor, rejilla

Ingredientes

MASA
12 g de levadura fresca
545 ml de agua
800 g de harina de trigo
15 g de sal

320 g de *Biga* (ver pág. 22)

TERMINADO
harina de trigo para
    enharinar

Procedimiento

MASA

1 Disuelva en un tazón la levadura fresca con el agua; añada la harina de trigo y mezcle hasta obtener una masa homogénea. Agregue la sal, amase hasta incorporarla, y después añada la *biga*. Continúe amasando hasta obtener una masa lisa, pegajosa, elástica y resistente.

2 Coloque la masa en un tazón engrasado con aceite, cúbrala con una manta de cielo y déjela reposar a temperatura ambiente durante 1 hora. Humedezca sus manos y, dentro del tazón, doble la masa sobre

sí misma. Déjela reposar durante 1 hora más. Realícele otro doblez y déjela que repose 1 hora más.

TERMINADO

1 Enharine la superficie de trabajo y vuelque encima la masa despegándola del tazón con una raspa. Espolvoréela con suficiente harina, extiéndala ligeramente con las manos para obtener un grosor uniforme y dele forma rectangular (la forma no debe ser perfecta).

2 Divida imaginariamente la masa en tres partes iguales. Cubra con una de ellas la parte central; luego doble la parte restante encima de las dos anteriores. Deje reposar la masa durante 15 minutos. (Fotos 1 y 2.)

3 Con la raspa, divida la masa en 6 u 8 porciones similares, procurando hacer el corte en un solo movimiento para evitar desgasificar la masa. (Fotos 3 y 4.)

4 Doble cada porción de masa como se indica en el paso 2, presionando el borde de cada doblez con los dedos. Con la ayuda de la raspa, transfiera las porciones de masa a las charolas, colocando el doblez por debajo. (Fotos 5 y 6.)

5 Espolvoree las porciones de masa con harina, cúbralas con una manta de cielo y déjelas reposar a temperatura ambiente durante 30 minutos. Precaliente el horno a 230 °C.

6 Introduzca las charolas en el horno y rocíe las paredes con agua utilizando el aspersor. Hornee los panes entre 30 y 35 minutos o hasta que se doren uniformemente. En caso de que los panes se doren antes de que termine el tiempo de cocción, cúbralos con papel aluminio y reduzca la temperatura del horno a 190 °C. (Es importante que no disminuya el tiempo de cocción, de lo contrario la costra del pan no resultará crujiente.) Retire los panes del horno y déjelos enfriar sobre la rejilla.

CONCHA

El pan dulce es un elemento característico de las mesas mexicanas, ya sea como desayuno para empezar el día, o como acompañamiento de un café, un atole o un vaso de leche para una merienda ligera. Dentro de esta categoría, pienso que las conchas son las más representativas; su popularidad es tal, que se encuentran prácticamente en todas las panaderías del país y satisfacen el paladar de cualquiera.

Las conchas tienen forma de media esfera y se cubren con una pasta a la que se le marcan algunas líneas que le dan la apariencia de una concha de mar, de ahí su nombre. El bollo es una masa de bizcocho y la cobertura una pasta dulce. La textura interior y exterior de la concha es suave y esponjosa, mientras que la cubierta es crujiente al morderla, pero se desmorona y deshace suavemente en la boca. Los sabores de cobertura más comunes son vainilla y chocolate, aunque actualmente en panaderías especializadas se pueden encontrar conchas de crema de avellana, matcha, moca, entre otros sabores.

RENDIMIENTO: 15 conchas   PREPARACIÓN: 1 h 35 min   REPOSO: 4 h 40 min   COCCIÓN: 18 min

Equipo y utensilios

charolas para hornear cubiertas con papel siliconado o tapete de silicón, marcador para conchas, rejilla

Ingredientes

MASA
500 g de harina de trigo
8 g de sal
11 g de levadura en polvo
275 ml de leche
100 g de huevo
90 g de azúcar
8 ml de extracto de vainilla
80 g de mantequilla cortada en cubos, a temperatura ambiente
30 g de manteca de cerdo

COBERTURA PARA CONCHAS
100 g de harina de trigo
100 g de azúcar glass
100 g de manteca vegetal cortada en cubos pequeños
15 g de cocoa
8 ml de extracto de vainilla o las semillas de 1 vaina de vainilla

TERMINADO
harina de trigo para enharinar
manteca vegetal para engrasar

Procedimiento

MASA

1 Elabore manualmente la masa siguiendo el procedimiento de la Masa de bizcocho (ver pág. 26), o en batidora eléctrica, siguiendo el procedimiento de la Masa *brioche* (ver pág. 28). Deberá obtener una masa elástica y no muy firme; si resulta muy seca, agréguele un poco más de leche; en cambio, si está muy líquida, agréguele un poco de harina.

2 Engrase ligeramente un tazón, coloque en él la masa y cúbralo con plástico autoadherente. Deje reposar la masa a temperatura ambiente hasta que duplique su volumen.

COBERTURA PARA CONCHAS

1 Cierna la harina de trigo con el azúcar glass en un tazón. Agregue la manteca vegetal y mezcle con las manos hasta obtener una masa tersa y homogénea.

2 Divida la masa en 2 porciones y colóquelas en recipientes separados; agregue a una la cocoa y a la otra el extracto o las semillas de vainilla. Amase ambas masas de forma independiente hasta obtener un color uniforme en cada una. Cúbralas con plástico adherente y resérvelas. (Foto 1.)

TERMINADO

1 Enharine una superficie de trabajo, coloque encima la masa y pónchela. Divídala en porciones de 70 gramos y déjelas reposar durante 10 minutos. Boléelas y colóquelas en las charolas, separadas por algunos centímetros.

2 Aplaste ligeramente cada esfera de masa con las palmas de las manos, acreme un poco de manteca vegetal y úntela sobre cada una.

3 Espolvoree un poco de harina en la superficie, coloque encima la cobertura para conchas y amásela. Forme con ella esferas de 3 centímetros de diámetro y aplánelas con las manos, ligeramente enharinadas, para obtener discos delgados. (Foto 2.)

4 Cubra las esferas de masa con los discos de cobertura y presione cada uno con el marcador de conchas para crear un diseño parecido al de una concha de mar. Déjelas reposar hasta que dupliquen su volumen. Precaliente el horno a 170 °C. (Fotos 3 y 4.)

5 Hornee las conchas durante 18 minutos o hasta que la base esté dorada. Retírelas del horno y déjelas enfriar sobre la rejilla.

CROISSANT

Una de las historias de la panadería que más me gusta es la del croissant, un pan en forma de cuarto creciente de luna (aunque últimamente presentan una forma alargada, similar a un bigote) elaborado con una masa hojaldrada fermentada que después de hornearse produce un pan cremoso con varias capas crujientes. Tiene un alto contenido de mantequilla y se consume durante el desayuno acompañado con café o té. Puede servirse untado con mantequilla, mermelada, cremas de frutos secos o crema de chocolate.

Este pan es un tipo de viennoiserie símbolo de la gastronomía francesa, aunque su origen es austriaco. Algunos relatos afirman que se originó en Viena en 1683. Según cuentan, unos panaderos que trabajaban de noche escucharon ruidos provenientes de enemigos otomanos que pretendían invadir la ciudad; los panaderos alertaron a las autoridades antes del amanecer, lo que permitió repeler el asalto. Cuando los otomanos fueron vencidos, Juan III Sobieski otorgó a los panaderos el privilegio de elaborar un bollo que inmortalizara el acontecimiento. El bollo que inventaron tenía forma de cuerno alargado y lo llamaron hörnchen, que en alemán significa "cuerno pequeño", haciendo alusión a la luna creciente que figuraba en el estandarte del imperio otomano.

Existen documentos antiguos que demuestran la existencia de panes en forma de luna creciente o de cuernos, que servían como ofrenda a los dioses griegos, como parte de mesas eucarísticas durante el siglo X o los que eran consumidos en las mesas reales y burguesas durante la Edad Media. Sin embargo, el ancestro del croissant es el kipfel (en alemán "media luna"), también conocido como kipferl y kipfl, o con grafías más antiguas como chipfel o gipfel, que se elaboraba en Austria desde el siglo VIII. Evidentemente, con el paso de los siglos la forma de elaboración y los ingredientes de la masa fueron cambiando y aparecieron muchas variantes del kipfel, por ejemplo, cubiertos con sal o semillas de anís o alcaravea. Los croissants o kipfels que se vendían en Francia a mediados del siglo XIX eran distintos a los croissants de masa hojaldrada fermentada que conocemos hoy. Se elaboraban con la misma masa del pain viennois o Kaisersemmel, compuesta de harina de gruau, un tipo de harina de trigo de muy buena calidad, huevo, levadura y una mezcla de agua y leche. No fue sino a finales de ese siglo que se comenzó a incorporar mantequilla a la masa, y hasta alrededor de 1920, nacieron los croissants de masa hojaldrada con mantequilla como los conocemos ahora.

RENDIMIENTO: 30 *croissants* **PREPARACIÓN:** 1 h 45 min **REPOSO:** 4 h 30 min-5 h **COCCIÓN:** 20-25 min

Equipo y utensilios

charolas para hornear cubiertas con papel siliconado o tapetes de silicón, rodillo, bicicleta o cuchillo de chef, regla, sartén de hierro, brocha, rejilla

Ingredientes

MASA DE CROISSANT
1 kg de harina de trigo
18 g de sal
22 g de levadura en polvo
520 ml de agua fría
100 g de azúcar
140 g de mantequilla cortada en
  cubos, a temperatura ambiente

EMPASTE
500 g de mantequilla
harina de trigo para enharinar

TERMINADO
cantidad suficiente de Brillo
  de huevo (ver pág. 78)

El sartén con agua caliente dentro del horno crea un ambiente húmedo que ayuda a que se forme una costra crujiente en los croissants.

Procedimiento

MASA DE CROISSANT

1 Forme con la harina de trigo y la sal un volcán sobre una superficie de trabajo. Haga un orificio en el centro, coloque dentro la levadura en polvo y disuélvala con un poco del agua; después, incorpore el azúcar y un poco más de agua. Mezcle poco a poco la harina del derredor, agregue el resto del agua y continúe incorporando el resto de la harina poco a poco hasta obtener una masa. Amásela hasta que se despegue de la superficie y esté un poco elástica. (Fotos 1, 2 y 3.)

2 Incorpore poco a poco la mantequilla a la masa y continúe trabajándola hasta que se despegue de la superficie y esté lisa, suave y elástica. Forme una esfera con la masa y colóquela en un tazón ligeramente engrasado; cúbrala con plástico autoadherente para evitar que se reseque y déjela reposar a temperatura ambiente durante 30 minutos. (Foto 4.)

3 Coloque la masa sobre una de las charolas, pónchela y aplástela con las manos hasta que adquiera la forma de la charola. Cúbrala con plástico autoadherente y congélela durante 1 hora.

EMPASTE

1 Suavice la mantequilla y forme con ella un rectángulo de 10 × 20 centímetros (ver pág. 31). Refrigérela hasta que se endurezca.

2 Saque la masa del refrigerador. Enharine la superficie de trabajo y coloque encima la masa; extiéndala hasta obtener un rectángulo de 20 × 40 centímetros. Coloque el rectángulo de mantequilla sobre la mitad de la masa y cúbralo con la otra mitad; presione las orillas para que la mantequilla no se salga al momento de estirar la masa.

3 Siga el procedimiento de la página 32 para laminar la masa. Cubra la masa nuevamente con plástico autoadherente y déjela reposar en refrigeración durante 1 hora.

TERMINADO

1 Saque la masa del refrigerador. Enharine la superficie de trabajo y coloque encima la masa; extiéndala hasta obtener un rectángulo de 40 × 60 centímetros de largo y ½ centímetro de grosor. Enharine su superficie y dóblelo por la mitad sobre sí mismo para obtener un rectángulo de 20 × 60 centímetros. (Foto 5.)

2 Haga pequeñas marcas en la orilla de uno de los lados largos de la masa, cada 7.5 centímetros con ayuda de la bicicleta o del cuchillo chef. En la orilla contraria, haga marcas entre cada dos marcas del lado opuesto. (Foto 6.)

3 Siguiendo las marcas de ambos lados de la masa, corte triángulos de 7.5 centímetros de base por 20 centímetros de altura; deberá obtener 30 triángulos en total. Realice una incisión de 1 centímetro en la mitad de la base de cada triángulo. (Foto 7.)

4 Retire el exceso de harina de la superficie y enrolle los triángulos sobre sí mismos, comenzando por la base. Colóquelos en las charolas y déjelos reposar entre 2 y 2½ horas o hasta que dupliquen su volumen. (Foto 8.)

5 Precaliente el horno a 200 °C. Coloque el sartén sobre el fuego durante 10 minutos o hasta que esté bien caliente, páselo con cuidado al piso del horno.

6 Barnice los *croissants* con un poco de brillo de huevo, sin que éste se cuele entre los dobleces de los panes. Introdúzcalos en el horno, vierta ¼ de taza de agua en el sartén caliente y cierre el horno inmediatamente.

7 Hornee los *croissants* durante 5 minutos; reduzca la temperatura a 180 °C y continúe la cocción entre 10 y 15 minutos más o hasta que se doren uniformemente. Sáquelos del horno y déjelos enfriar sobre la rejilla.

DANÉS

Como danés son conocidos varios panes elaborados con una masa hojaldrada fermentada (llamada masa de danés), similar a la del croissant, que se presentan en distintas formas y con varios rellenos; generalmente se decoran con frutos secos y un glaseado sencillo. El danés es un tipo de viennoiserie típica de Dinamarca y muy apreciada en Suecia y Noruega, donde se le conoce como wienerbrød o "pan de Viena". Existen diferentes versiones sobre el origen austriaco de este pan que data de mediados del siglo XIX. Una de ellas indica que en 1843 un panadero danés, de regreso, después de un viaje a Viena comenzó a vender con mucho éxito en Copenhague croissants o kipfels al estilo de Viena; otra versión muy difundida cuenta que en la década de 1850 ocurrió una huelga salarial masiva de panaderos daneses, por lo que muchas panaderías contrataron panaderos austriacos para remplazarlos. Estos panaderos no estaban familiarizados con los productos de panadería danesa, por lo que utilizaron sus propias técnicas para la elaboración de los panes, los cuales rellenaron con una variedad de cremas, frutos secos, mermeladas de fruta y pasta de almendras. No pasó mucho tiempo antes de que éstos se volvieran populares en toda Dinamarca y que la demanda persistiera después de que la huelga terminara.

En los países nórdicos y otras partes de Europa la masa básica de pan danés se utiliza para hacer una infinidad de panes que reciben un nombre específico de acuerdo con su forma o relleno; por ejemplo, el spandauer, que es un pan circular relleno con crema pastelera o mermelada y frutos secos; el kanelsnegl, con forma de espiral, o el kringel con forma de aro o de pretzel. En varios países de América el nombre de danés se utiliza como genérico para denominar a los panes elaborados con masa de danés sin importar su forma o relleno.

RENDIMIENTO: 15 daneses   PREPARACIÓN: 1 h   REPOSÓ: 1 h   COCCIÓN: 16 min

Equipo y utensilios

rodillo, cortador para pizza, charolas para hornear cubiertas con papel siliconado o tapetes de silicón, brocha, rejilla, manga pastelera con duya lisa de 3 mm

Ingredientes

GLASEADO DE CHABACANO
150 g de mermelada de chabacano
120 ml de agua

BRILLO DE HUEVO
1 huevo
1 pizca de sal
1 pizca de azúcar

TERMINADO
harina de trigo para enharinar
1 receta de Masa de danés
    (ver pág. 29)
100 g de nueces troceadas
200 g de Glaseado blanco
    (ver pág. 173)

Procedimiento

GLASEADO DE CHABACANO

1 Caliente la mermelada y el agua en una olla sobre fuego medio, mezclando ocasionalmente; cuando la preparación hierva, retírela del fuego y licucla.

Elabore la masa de danés un día antes de armar el pan y consérvela en refrigeración.

78

2 Regrese el glaseado al fuego y déjelo reducir durante 5 minutos o hasta que tenga una consistencia espesa. Resérvelo.

BRILLO DE HUEVO

1 Bata en un recipiente pequeño el huevo con la sal y el azúcar. Reserve.

TERMINADO

1 Deje temperar la masa de danés fuera del refrigerador durante media hora. Enharine una superficie de trabajo, encima, ponche la masa y espolvoréela con un poco de harina. Extiéndala con el rodillo, espolvoreándola ocasionalmente por ambos lados con un poco de harina, hasta obtener un rectángulo de 25 × 45 centímetros y de ½ centímetro de grosor. Córtelo en tiras de 3 × 45 centímetros utilizando el cortador para pizza.

2 Tuerza una de las tiras sobre sí misma y, después, enróllela para obtener una espiral bien apretada. Pase el extremo final de la espiral por debajo de ella e introdúzcala por el centro de la misma; presione bien la masa para evitar que la espiral se abra durante el horneado. (Fotos 1, 2 y 3.)

3 Coloque las espirales sobre las charolas y barnícelas con el brillo de huevo. Cúbralas con plástico autoadherente y déjelas reposar durante 1 hora. Precaliente el horno a 180 °C.

4 Hornee los panes durante 16 minutos o hasta que se doren uniformemente. Sáquelos del horno y, mientras sigan calientes, barnícelos con el glaseado de chabacano y espolvoréeles las nueces. Déjelos enfriar sobre la rejilla.

5 Introduzca el glaseado blanco en la manga y decore los daneses al gusto.

DONA

Las irresistibles donas consisten en una masa batida horneada o una masa fermentada frita, en forma de anillo; para las donas horneadas se emplea un molde, y para las donas fritas se une por los extremos una tira de masa o se cortan discos de masa con un cortador especial. Yo utilizo un cortador circular para galletas y una duya pequeña para retirar el centro. Generalmente la masa de las donas es de sabor neutro; se cubren con azúcar o glaseados, además de adornarse con varios ingredientes o rellenarse con diversas preparaciones, los cuales le otorgan gran variedad de sabores.

La dona es un pan que inmediatamente relacionamos con la cultura estadounidense; sin embargo, su origen es europeo. Existen registros que indican que los inmigrantes holandeses establecidos en Nueva Ámsterdam, hoy Manhattan, elaboraban unos bollos caseros conocidos como olykoeks o "pasteles de aceite" que consistían en esferas de masa fritas en manteca de cerdo. Poco a poco, estos olykoeks fueron adoptados por inmigrantes de otras culturas, quienes crearon sus propias interpretaciones. Existen varias versiones que explican cómo estos bollos fritos se transformaron en la forma de dona que conocemos hoy, con un orificio al centro. Una de ellas cuenta que a mediados del siglo XIX, Elizabeth Gregory preparaba olykoeks perfumados con nuez moscada, canela y cáscara de limón para su hijo, un capitán de barco de Nueva Inglaterra. Algunas versiones mantienen que el Capitán decidió retirarle el centro a los bollos de su madre con la tapa de un pimentero debido a que, aun después de la fritura, el centro de los bollos siempre quedaba crudo y la grasa se concentraba en esa parte. Otras versiones dicen que el bollo adoptó la forma de rosquilla durante una tormenta cuando el capitán, obligado a mantener sus dos manos en el timón, clavó uno de sus olykoeks en una de las manijas del timón. Versiones más recientes sitúan el origen de la dona en Inglaterra y se lo atribuyen a la baronesa Elizabeth Dimsdale, quien registró una receta de dow nuts en su recetario de 1800. Independientemente de este hecho, los estadounidenses son los responsables de la transformación y la fama mundial de este bocadillo (fue en Estados Unidos donde un ruso inventó la primera máquina para elaborar donas); además de estar íntimamente ligado a su cultura, tanto así, que en 1938 se decretó el primer viernes de junio como el Día Internacional de la Dona como reconocimiento a las mujeres voluntarias que durante la Primera Guerra Mundial hicieron donas para los soldados que servían en el extranjero como una forma de aumentar su moral.

RENDIMIENTO: 15 donas **PREPARACIÓN:** 1 h 30 min **REPOSO:** 1 h 35 min **COCCIÓN:** 30 min

Equipo y utensilios

rodillo, 1 cortador para donas o 2 cortadores para galletas circulares, uno de 6 cm y otro de 2 cm, charolas espolvoreadas con un poco de harina, cacerola grande, rejilla, batidor globo

Ingredientes

MASA
500 g de harina de trigo
8 g de sal
10 g de levadura en polvo
250 ml de agua
80 g de azúcar
75 g de huevo
80 g de mantequilla cortada en cubos, a temperatura ambiente
1 g de nuez moscada

TERMINADO
harina de trigo para enharinar
aceite para freír

DECORACIÓN
380 g de azúcar glass
2 g de sal

Las especias como canela, jengibre, cardamomo y nuez moscada pueden afectar el desarrollo de las levaduras. Cuando aromatice una masa con alguna de ellas es recomendable agregarlas una vez que el gluten en la masa se haya desarrollado ligeramente.

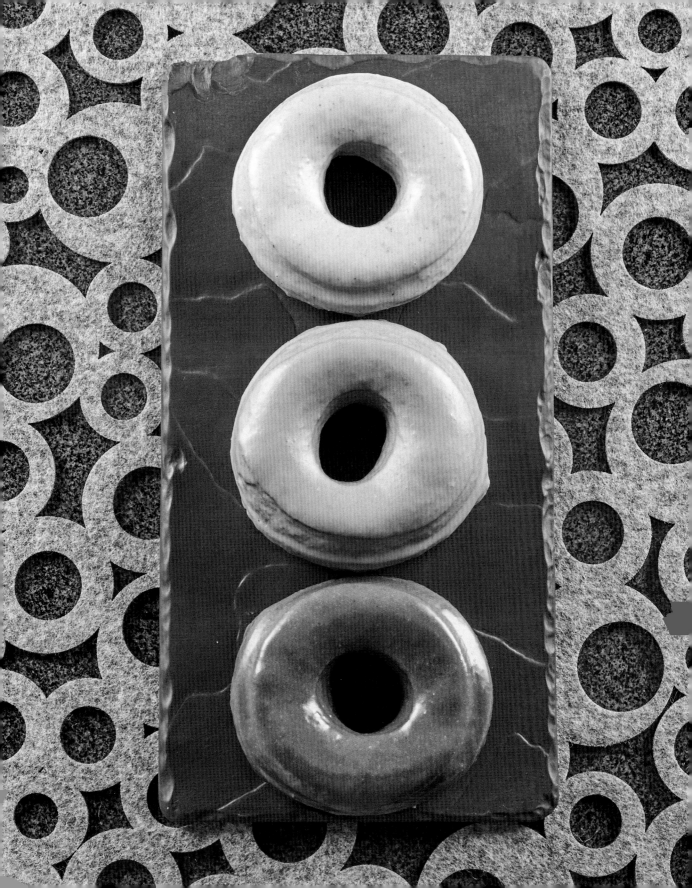

75 ml de leche evaporada
30 g de jarabe de maple
2 g de canela molida
5 g de café instantáneo

5 ml de extracto de vainilla
30 g de cocoa
15 ml de café concentrado

Procedimiento

MASA

1 Elabore manualmente la masa siguiendo el procedimiento de la Masa de bizcocho (ver pág. 26), o en batidora eléctrica, siguiendo el procedimiento de la Masa *brioche* (ver pág. 28). Agregue la nuez moscada después de que la mantequilla se haya incorporado a la masa. Deberá obtener una masa elástica y no muy firme; si resulta muy seca, agréguele un poco más de agua; en cambio, si está muy líquida, agréguele un poco de harina.

2 Engrase ligeramente un tazón, coloque en él la masa y cúbralo con plástico autoadherente. Deje reposar la masa a temperatura ambiente hasta que duplique su volumen.

TERMINADO

1 Enharine una superficie de trabajo, coloque encima la masa y espolvoréela con harina. Extiéndala con un rodillo hasta formar un rectángulo de 1 centímetro de grosor. (Si es necesario agregue un poco más de harina a la superficie para evitar que la masa se pegue.)

2 Corte el rectángulo de masa con el cortador para donas o con los cortadores circulares. Coloque las donas en las charolas y déjelas reposar durante 30 minutos. Junte y amase los recortes de masa, y forme con ellos una esfera. Déjela reposar durante

20 minutos y extiéndala con un rodillo para formar más donas. (Foto 1.)

3 Caliente el aceite en la cacerola hasta que alcance una temperatura de 180 °C, o hasta que al sumergir un trozo pequeño de masa se dore en 30 segundos. (Es importante controlar la temperatura del aceite durante la cocción para evitar que las donas se doren de más o queden crudas.)

4 Agregue 2 o 3 donas al aceite y fríalas durante 2 minutos o hasta que el centro se dore; deles la vuelta y continúe friéndolas hasta que se doren ligeramente por ambos lados. Escúrralas, déjelas reposar sobre papel absorbente y, después, colóquelas en una rejilla para que se enfríen. Repita este paso con el resto de las donas. (Foto 2.)

DECORACIÓN

1 Bata en un tazón el azúcar glass con la sal y la leche hasta obtener un glaseado espeso y sin grumos.

2 Divida el glaseado en 3 tazones. Incorpore a una de las porciones de glaseado el jarabe de maple y la canela molida; a otra el café instantáneo y el extracto de vainilla, y a la porción restante la cocoa y el café concentrado.

3 Para glasear las donas, sumerja la mitad superior de las donas en alguno de los tres glaseados.

Si desea variar el sabor de las donas puede sustituir el glaseado con 200 g de chocolate derretido; o bien, para una versión más sencilla, revuelque las donas, aún calientes, en una mezcla de azúcar con canela y después déjelas enfriar sobre una rejilla.

ENGLISH MUFFIN

"Oh do you know the Muffin Man? The muffin man, the muffin man ", recita una canción de cuna popular en Inglaterra que data de inicios del siglo XIX y que hace alusión a los hombres que vendían en las calles este tipo de panecillos. Algunos rumores le atribuyen un significado un tanto más siniestro, pues se tiene la creencia de que originalmente la canción servía para advertir a los niños de un asesino serial que supuestamente atraía con muffins a los niños para matarlos.

El english muffin es un tipo de pan plano, pequeño y redondo que se cuece en sartén o plancha en lugar de hornearse. Comúnmente se sirve en el desayuno, se corta horizontalmente, se unta con mantequilla, se tuesta y se sirve para acompañar huevos, salchichas o tocino, o bien, se unta con mermeladas y miel.

A diferencia de otros panes, el origen del english muffin es bien conocido. Un británico llamado Samuel Thomas fue el primero en elaborarlos en su propia fábrica en Chelsea, Nueva York, en el año de 1880. Su inspiración fue un pan clásico presente, en lo que ahora conocemos como Gran Bretaña, desde el siglo XIV y conocido como crumpet; éste también es un pan de desayuno, similar a un hot cake, que se sirve con mantequilla y mermelada. La diferencia entre ambos panes es su textura exterior: el crumpet tiene pequeños orificios en la superficie, mientras que el english muffin es liso por fuera, aunque si se abre por la mitad, el interior presenta una textura con orificios similar; asimismo, la masa de los english muffins se elabora con levadura, masa madre o hasta con masa sobrante de algún otro pan, como baguette; mientras que para la de su antecesor, se utiliza polvo para hornear, además, al tener una consistencia más líquida se requiere de un molde o aro para su cocción. En el siglo XIX en Inglaterra, los muffins eran unos panes muy económicos, pues consistían en trozos de masa sobrante de otras preparaciones cocidos en una plancha que los muffin mens vendían en las calles. En Estados Unidos los english muffins reciben ese nombre para distinguirlos de los muffins americanos, los cuales generalmente son dulces y tienen una consistencia y forma similar a la de una matecada o panquecito.

RENDIMIENTO: 20 english muffins   PREPARACIÓN: 50 min   REPOSO: 1 h 15 min   COCCIÓN: 20 min

Equipo y utensilios

batidora eléctrica con pala y gancho, rodillo, 1 cortador para galletas circular de 8 cm de diámetro, charolas espolvoreadas con un poco de harina, sartén de fondo grueso, atomizador

Ingredientes

MASA
150 ml de leche
18 g de levadura en polvo
12 g de azúcar
500 g de harina de trigo
8 g de leche en polvo
8 g de sal
3 g de polvo para hornear
225 ml de agua

TERMINADO
50 g de harina de maíz precocido
   o semolina

Procedimiento

MASA

1 Entibie la leche a una temperatura de 38 °C. Disuelva en ella la levadura en polvo y el azúcar y deje reposar la mezcla durante 10 minutos.

2 Mezcle en el tazón de la batidora la harina de trigo con la leche en polvo, la sal y el polvo para hornear. Vierta el agua y bata con la pala a velocidad baja durante 3 minutos. Cambie el aditamento de pala por el gancho. Agregue la mezcla de leche y levadura y bata a velocidad media, raspando ocasionalmente la mezcla pegada a las paredes y la base del tazón, durante 20 minutos o hasta obtener una masa elástica que se despegue fácilmente del tazón.

3 Enharine una superficie de trabajo y continúe manualmente con el amasado durante 5 minutos más. Forme una esfera con la masa, colóquela en un tazón ligeramente engrasado, cúbralo con plástico autoadhernte y deje reposar la masa a temperatura ambiente hasta que duplique su volumen.

TERMINADO

1 Coloque la masa sobre la superficie y espolvoréela por ambos lados con la harina de maíz o la semolina. Extiéndala con el rodillo hasta que tenga un grosor uniforme de 1 centímetro y córtela con el cortador. Junte y amase los recortes de masa, y forme con ellos una esfera. Déjela reposar durante 10 minutos y extiéndala con el rodillo para formar más discos.

2 Coloque los discos en las charolas, cúbralos con plástico autoadherente y déjelos reposar durante 35 minutos.

3 Ponga sobre fuego medio el sartén; cuando se caliente, agregue algunos discos de masa y rocíelos con un poco de agua. Cuézalos entre 5 y 6 minutos o hasta que la base se haya dorado; deles la vuelta y continúe la cocción durante un par de minutos más. Reserve los *english muffins* cubiertos con un trapo de cocina dentro de un recipiente con tapa para que terminen de cocerse mientras cuece el resto en el sartén.

FOCACCIA

La focaccia es un pan italiano relativamente plano, redondo o cuadrado, de sabor y textura similar al de una pizza; antes de hornearse se le hacen pequeñas incisiones con los dedos, que permitirán una rápida transferencia del calor durante el horneado y, después, se rocía con aceite de oliva; el resultado es un pan con un dorado uniforme, pero húmedo por dentro. La focaccia se consume en toda la península italiana, por tanto, existen muchas versiones de ella, la cuales varían en cuanto a grosor, forma y tamaño; pueden ser saladas o dulces y recibir un nombre específico dependiendo de la región. La masa de la focaccia es muy sencilla y son los distintos ingredientes que se le añaden encima los que le dan su particularidad; las más sencillas se condimentan con sal de grano, ajo picado y alguna hierba de olor; otras llevan ingredientes típicos de la zona del Mediterráneo, como aceituna y jitomate, embutidos o quesos locales.

Algunos atribuyen los orígenes de la focaccia a los etruscos del norte de Italia o a los antiguos griegos; cabe mencionar que en la Antigüedad los panes planos sin levadura eran comunes desde el Medio Oriente hasta Persia, por lo que es complicado determinar un origen específico. La diferencia entre estos panes planos y la focaccia es que ésta sí era ligeramente leudada; es posible que la masa, sin levaduras añadidas intencionalmente, creciera naturalmente en algunas zonas con un clima cálido y vientos poco densos, como en el centro de Italia, esto explicaría por qué actualmente la focaccia es conocida y consumida en países como Turquía, Grecia, Italia y España, pero es casi desconocida en el Medio Oriente.

En la antigua Roma la focaccia era un alimento básico y parte importante de la cultura. Los panes planos ligeramente leudados estaban presentes al centro de las mesas en cada comida, siendo los de harina de espelta los más cotizados. La masa de los panes se alimentaba con una masa madre, elaborada con harina, agua y cáscaras de uva; estas últimas aportaban las levaduras que permitían que el pan creciera ligeramente. El nombre romano para designar a estos panes era panis focacius; focus es el nombre en latín de hogar o fogón, el cual además de ser el elemento más importante de cualquier vivienda romana, era donde se cocían los panes. Es probable que en aquella época las focaccias fueran panes de sabor neutro, tal vez sazonados con un poco de sal, alguna hierba de olor y aceite de oliva. El alcance del imperio Romano hizo que el panis focacius se extendiera por todo el Mediterráneo, dando origen a otras variedades de panes como la pissaladière, una especie de focaccia provenzal con pasta de pescado salado y cebollas caramelizadas; la fougasse francesa, un pan plano con forma de tallo de trigo, o la hogaza española.

Actualmente la focaccia es un pan reconocido mundialmente y no es necesariamente exclusivo de panaderías italianas; comúnmente se sirve como acompañamiento de pastas o sopas y se utiliza como pan para preparar sándwiches.

RENDIMIENTO: 1 focaccia · PREPARACIÓN: 1 h · REPOSO: 2 h 10 min · COCCIÓN: 15 min

Equipo y utensilios

charola, charola para hornear de 30 x 40 cm, rodillo, brocha, rejilla

Ingredientes

BIGA
235 ml de agua
300 g de harina de trigo
1 g de levadura en polvo

MASA
300 ml de agua
45 ml de aceite de oliva + cantidad
  suficiente para engrasar
500 g de harina de trigo
2 g de levadura en polvo
15 g de sal
½ taza de aceitunas negras sin
  similla, picadas

TERMINADO
50 ml de aceite de oliva + cantidad
  suficiente para engrasar las
  charolas
5 dientes de ajo sin pelar
1 taza de jitomates *cherry* partidos
  por la mitad
hojas frescas de tomillo, orégano
  o romero, al gusto
sal de grano al gusto

Procedimiento

BIGA

1 Prepare la *biga* siguiendo el procedimiento de la página 22.

MASA

1 Mezcle en un tazón la *biga* con el agua y el aceite de oliva hasta que obtenga una masa homogénea. En otro tazón, combine la harina con la levadura en polvo; agregue la masa de *biga* y mezcle manualmente los ingredientes hasta incorporarlos. Finalmente, añada la sal y amase la masa durante 5 minutos o hasta que obtenga una consistencia homogénea, suave, ligeramente pegajosa y sin demasiada estructura.

2 Coloque la masa en la charola ligeramente engrasada, cúbrala con una manta de cielo y déjela reposar a temperatura ambiente durante 1 hora.

3 Incorpore las aceitunas picadas a la masa, amasándola ligeramente, y déjela reposar durante 30 minutos más.

TERMINADO

1 Engrase las charolas para hornear con suficiente aceite de oliva. Enharine una superficie de trabajo, coloque encima la masa y estírela ligeramente, sin poncharla, con las manos o con un rodillo para darle forma rectangular. Colóquela sobre la charola y extiéndala con las manos hasta cubrir bien toda la superficie de la charola. Barnícela con un poco de aceite de oliva, cúbrala con plástico autoadherente y déjela reposar durante 15 minutos. (Fotos 1 y 2.)

2 Ponche la superficie de la masa con las yemas de los dedos haciéndole orificios profundos separados por una distancia de 2 centímetros; déjela reposar durante 20 minutos. Precaliente el horno a 220 °C. (Foto 3.)

3 Barnice la masa con un poco más de aceite de oliva, distribúyale encima los dientes de ajo y los jitomates *cherry* y espolvoréela con hierbas aromáticas y sal de grano al gusto. Hornéela durante 5 minutos, reduzca la temperatura a 190 °C y continúe la cocción durante 10 minutos más o hasta que la *focaccia* se dore uniformemente. Sáquela del horno, colóquela sobre la rejilla y rocíela con un poco más de aceite de oliva. Déjela entibiar antes de cortarla.

FOUGASSE

En la antigua Roma el término panis focacius se refería a un pan plano horneado bajo las cenizas del hogar. Con el paso de los años, esta preparación derivó en una amplia gama de panes que tomaron características y nombres específicos en función de las regiones donde se preparaban, sobre todo en aquellas cercanas al Mediterráneo. Algunas de ellas son la focaccia italiana, la fogassa de Cataluña, la pogača en los Balcanes y la fougasse en Francia. El término francés, fougasse viene del antiguo occitano fogatza, y también se puede encontrar escrito como fouace o fouée.

Una de las más representativas es la fougasse de Provenza, es similar a la focaccia, en tanto que se aromatiza con aceite de oliva y posee una miga blanca y suave; asimismo, a menudo se rellena o se le colocan encima ingredientes, generalmente salados, como hierbas aromáticas, tocino, cebolla, aceituna, queso o anchoa. De ella también existen versiones dulces con frutas confitadas. A diferencia de la focaccia, la fougasse es un pan más plano con cortes internos, similares a una hoja de árbol, que le otorgan al pan una cocción rápida y una textura externa más crujiente. Se presenta entera para resaltar su forma y sus cortes, se barniza con aceite de oliva al salir del horno y se sirve con distintos aderezos.

Antaño este pan era utilizado para calcular de manera aproximada la temperatura interna de los hornos de leña en función del tiempo que tardaba en cocerse; asimismo, permitía a los panaderos saber en qué lugar del horno debían colocar los panes para lograr la cocción deseada dependiendo del tipo de pan. Una vez realizada la prueba del horno, los panaderos consumían los panes como refrigerio.

RENDIMIENTO: 8 fougasses   PREPARACIÓN: 1 h   REPOSO: 2 h 20 min   COCCIÓN: 30 min

Equipo y utensilios

batidora eléctrica con gancho (opcional), rodillo, 8 trozos de papel siliconado de 15 × 25 cm, charolas para hornear, cortador para pizza, sartén de hierro

Ingredientes

PREFERMENTO
75 ml de agua
110 g de harina de trigo
2 g de levadura en polvo

MASA
50 ml de agua
700 g de harina de trigo

6 g de levadura en polvo
18 g de sal

TERMINADO
harina de trigo para espolvorear
50 ml de aceite de oliva
10 g de sal en grano

Procedimiento

PREFERMENTO

1 Prepare el prefermento siguiendo el procedimiento de elaboración del *Poolish* (ver pág. 23).

MASA

1 Deje temperar el prefermento a temperatura ambiente durante 1 hora si estaba en el refrigerador. Mézclelo con el agua en un tazón grande.

Agregue la harina y la levadura en polvo e incorpórelas manualmente hasta obtener una masa. Amásela durante 5 minutos o hasta que obtenga una consistencia firme. Añádale la sal y continúe amasándola durante 2 minutos más. Verifique la consistencia de la masa: si resulta muy seca, agréguele un poco más de agua; en cambio, si está muy líquida, agréguele un poco de harina.

2 Continúe amasando manualmente la masa sobre una superficie de trabajo o, si lo desea, en una batidora eléctrica, hasta que esté elástica y resistente.

3 Forme una esfera con la masa y colóquela dentro de un tazón engrasado; cúbrala con plástico autoadherente y déjela reposar a temperatura ambiente durante 1 hora o hasta que duplique su volumen.

TERMINADO

1 Enharine la superficie de trabajo y encima, ponche la masa. Divídala en porciones de 80 gramos, boléelas y cúbralas con una bolsa de plástico o manta de cielo; déjelas reposar durante 10 minutos. Boléelas nuevamente y déjelas reposar durante 10 minutos más.

2 Retire de las esferas de masa la bolsa de plástico o la manta de cielo y extienda cada una con un rodillo hasta obtener óvalos lo más delgados posible. Colóquelos sobre los trozos de papel siliconado y, con el cortador para pizza, realíceles 3 o 4 cortes en forma de V de abajo hacia arriba. Déjelos reposar a temperatura ambiente durante 1 hora. (Fotos 1, 2 y 3.)

3 Precaliente el horno a 260 °C. Coloque el sartén sobre el fuego durante 10 minutos o hasta que esté bien caliente, páselo con cuidado al piso del horno. Introduzca algunas charolas vacías para precalentarlas.

4 Deslice sobre las charolas calientes los papeles siliconados con los panes e introdúzcalas en el horno. Vierta ¼ de taza de agua en el sartén caliente y cierre el horno. Hornee las *fougasses* durante 15 minutos; gire las charolas y retire con cuidado el sartén con el agua. Disminuya la temperatura del horno a 200 °C y continúe la cocción de las *fougasses* durante 15 minutos más o hasta que se doren. Sáquelas del horno, barnícelas con aceite de oliva y espolvoréeles la sal de grano mientras sigan calientes.

GRISSINI

Los grissini son unos delgados y crujientes palitos de pan originarios de Turín, Italia, se elaboran con una masa muy sencilla a base de harina, aceite de oliva, agua, levadura y sal. Su nombre deriva la palabra ghèrsa o grissa, un antiguo pan alargado y delgado, clásico de la región de Piamonte.

Una versión remonta el origen de estos panes al siglo XIV; se dice que en aquella época el pan no se pagaba en función de su peso, por lo que algunos astutos panaderos se dieron a la tarea de disminuir gradualmente el grosor de la ghèrsa con la finalidad de obtener más panes con la misma cantidad de masa y aumentar así sus ganancias. Otra versión afirma que los grissini fueron inventados en 1679 por el panadero Antonio Brunero bajo la encomienda del médico del duque Vittorio Amedeo II. El médico le solicitó fabricar un alimento con el que pudiera nutrir al futuro rey, quien se encontraba en mal estado de salud y no podía digerir la miga del pan. Antonio decidió tomar una parte de la masa para preparar ghèrsa, el pan típico de la región, y extenderla hasta obtener tiras largas y delgadas. Una vez cocidos, los palitos de pan eran frescos y fáciles de digerir. Dicha creación fue un gran éxito gracias a la digestibilidad del pan, pero también a su extensa vida de anaquel; rápidamente se convirtió en un pan habitual en los hogares de los turineses, y más tarde en los de toda Italia. Tradicionalmente, los grissini se hacen a mano y se les da forma de rubatà, que en piamontés significa enrollado, de entre 40 y 80 centímetros de largo.

Actualmente el proceso de producción en algunas panaderías es más mecánico, por lo que la forma "enrollada" se ha sustituido por la forma "estirada" que consiste en estirar la masa en rectángulos largos (el tamaño puede variar según el deseo del panadero) y después cortarla para formar las tiras; el resultado es un palito de pan más crujiente y seco. Los grissini se sirven en los restaurantes como entrada o para acompañar sopas y ensaladas, y se pueden encontrar de varios sabores, como orégano, comino, ajonjolí, jitomate deshidratado, queso parmesano rallado, entre otros.

RENDIMIENTO: 25 grissini | PREPARACIÓN: 1 h | REPOSO: 40 min | COCCIÓN: 11 min

Equipo y utensilios

rodillo, charolas para hornear engrasadas con mantequilla o manteca vegetal, cortador para pizza, brocha, rejilla

Ingredientes

275 ml de agua
30 ml de aceite de oliva + cantidad suficiente para engrasar
6 g de sal
500 g de harina de trigo
1 g de levadura en polvo

TERMINADO
aceite de oliva para engrasar
1 huevo batido
ajonjolí al gusto
semillas de amapola al gusto
queso parmesano ralllado, al gusto

Una vez que haya formado las tiras, hornéelas lo más pronto posible para evitar que fermenten; haciendo esto obtendrá grissini muy crujientes.

94

Procedimiento

1 Mezcle en un recipiente la mitad del agua con el aceite de oliva y la sal. Coloque la harina de trigo en un tazón y agregue poco a poco la mezcla anterior, mezclando con las manos hasta obtener una masa ligeramente seca. Añada la levadura en polvo e incorpore un poco más del agua. Continúe con el amasado sobre una superficie de trabajo, agregando gradualmente más agua, hasta obtener una masa homogénea y suave con una elasticidad media. (Es probable que no requiera utilizar toda el agua.)

2 Forme una esfera con la masa, úntela con un poco de aceite de oliva, cúbrala con plástico autoadherente (el cual deberá hacer contacto directo con la masa) y déjela reposar durante 20 minutos.

3 Enharine ligeramente la superficie y extienda la masa con el rodillo hasta que tenga un grosor uniforme de 1 centímetro. (Si desea obtener al final un pan quebradizo, doble la masa sobre sí misma tres veces, extiéndala nuevamente y dóblela sobre sí misma una vez más). Cúbrala con plástico autoadherente y déjela reposar durante 20 minutos.

4 Extienda nuevamente la masa con el rodillo sobre la superficie bien enharinada hasta que tenga un grosor de ½ centímetro y córtela en tiras de 1 centímetro de ancho con un cortador para pizza. Extienda cada tira un poco más haciéndolas rodar sobre la superficie.

5 Precaliente el horno a 170 °C.

6 Coloque las tiras de masa sobre las charolas previamente engrasadas; de este modo evitará que la masa se contraiga durante el horneado. Barnícelas con el huevo batido y espolvoréelas con ajonjolí, semillas de amapola y queso parmesano rallado, al gusto. Hornee los *grissini* durante 11 minutos o hasta que se doren. Sáquelos del horno y déjelos enfriar sobre la rejilla.

GUGELHOPF

Gugelhopf, Gougelhof, Kouglof, Kougelhof, Kougelhop, Kugelhopf o Bundt Kuchen, son sólo algunos de los nombres y grafías con los que se conoce este pan según el país, o incluso la región donde se prepare. Tradicionalmente el Gugelhopf se consume en varios países del centro de Europa: Austria; sur de Alemania; Países Bajos; Francia, sobre todo en la región de Alsacia; Suiza; República Checa; Eslovaquia y Polonia. Gugelhopf es el término en alemán, cuya etimología viene de gugel, término que durante la Edad Media designaba a una especie de capucha de punta larga con un cuello que cubría los hombros, y hopf, una variante de la palabra hefe que significa levadura. Se dice que este pan fue una de las primeras piezas de repostería en utilizar levadura de cerveza como agente leudante, ya que antes del siglo XVIII, en la mayoría de los países de Europa el pan se fermentaba con levain (ver pág. 22).

Existen varias leyendas sobre el origen de este distintivo pan. Una de ellas atribuye su invención a los Reyes Magos, quienes durante un viaje de Belem hacia Colonia fueron hospedados por el señor Kugel; como agradecimiento, los reyes le hornearon un pan evocando la forma de sus turbantes. Otra leyenda hace referencia a su región y fecha de origen, ésta cuenta que durante la batalla de Viena en 1683 (la misma que se dice dio origen a la invención de los croissants) el ejército comandado por el rey de Polonia y compuesto por soldados austriacos, alemanes y polacos resultó victorioso contra el ejército turco. Los panaderos vieneses no tardaron en elaborar una viennoiserie en forma de turbante turco como celebración.

Tradicionalmente el Gugelhopf se cuece en un molde alto con forma de rosca, que asemeja a un turbante hecho de cobre o de cerámica vidriada al interior y, en ocasiones, también al exterior, lo cual permitía decorar los moldes y ofrecerlos como regalo o simplemente utilizarlos como decoración. Actualmente se pueden encontrar moldes de aluminio o acero inoxidable con un revestimiento antiadherente, de silicón, de porcelana o de vidrio templado, así como con distintos diseños y de varios tamaños.

El Gugelhopf es un pan ligero y esponjoso, de sabor no muy dulce, por lo que se puede degustar a cualquier hora del día. Se sirve espolvoreado con azúcar glass y acompaña bien el café o el té, o incluso una copa de vino, una cerveza o algún digestivo; también es ideal con un poco de mantequilla o mermelada.

RENDIMIENTO: 1 Gugelhopf **PREPARACIÓN:** 1 h **REPOSO:** 3 h 35 min **COCCIÓN:** 30 min

Equipo y utensilios
batidora eléctrica con gancho, 1 molde para gugelhopf engrasado
y enharinado, rejilla

Ingredientes

MASA MADRE
50 g de harina de trigo
45 ml de leche tibia
4 g de levadura en polvo
15 g de azúcar

MASA
60 g de pasas
60 g de pasas rubias

25 g de naranja confitada, picada
20 ml de ron blanco
150 g de huevo
20 g de yemas
350 g de harina de trigo
5 g de sal
180 g de mantequilla cortada en
    cubos, a temperatura ambiente

TERMINADO
½ taza de almendras
harina de trigo para enharinar
azúcar glass para espolvorear

Procedimiento

MASA MADRE

1 Mezcle todos los ingredientes en un tazón y deje reposar la preparación a temperatura ambiente durante 40 minutos o hasta que duplique su volumen.

MASA

1 Mezcle en un recipiente las pasas con la naranja confitada y el ron blanco; reserve.

2 Coloque la masa madre en la batidora y comience a batirla a velocidad baja. Sin dejar de batir, agregue los huevos, uno por uno, incorporando bien cada uno antes de añadir el siguiente; incorpore de la misma manera las yemas. Añada la harina de trigo y la sal y bata a velocidad media hasta obtener una masa homogénea y elástica. Finalmente, agregue los cubos de mantequilla y continúe batiendo hasta obtener una masa suave, resistente y elástica.

3 Incorpore a la masa las frutas maceradas con el ron, batiendo a velocidad baja.

4 Coloque la masa en un tazón ligeramente engrasado, cúbrala con plástico autoadherente y déjela reposar en refrigeración durante 2 horas como mínimo.

TERMINADO

1 Distribuya las almendras en cada una de las cavidades del molde. (Foto 1.)

2 Enharine ligeramente una superficie de trabajo, encima, ponche la masa y boléela. Cúbrala con una manta de cielo y déjela reposar durante 15 minutos.

3 Enharine un poco sus manos y, con los dedos, haga un orificio en el centro de la masa. Introduzca la masa en el molde, pasando el mástil del molde a través del orifico. Cubra el molde con plástico autoadherente y deje reposar la masa durante 30 minutos o hasta que cubra tres cuartas partes del molde. Precaliente el horno a 180 °C. (Fotos 2 y 3.)

4 Hornee el pan durante 30 minutos o hasta que se dore y que, al insertarle una brocheta larga, ésta salga limpia. Sáquelo del horno y déjelo reposar sobre la rejilla durante 10 minutos antes de desmoldarlo; una vez frío, espolvoréelo con azúcar glass.

HOGAZA

La hogaza, también conocida como pan campesino, es un pan de aspecto rústico con corteza dura, masa blanda y alveolada, con sabor ligeramente ácido; es una pieza grande, generalmente en forma de barra o redonda de entre 1 y 2 kilogramos, aunque es posible encontrar en algunas panaderías piezas más pequeñas o más grandes. La hogaza se puede cortar en rebanadas para confeccionar sándwiches o bocadillos, o bien, para acompañar alimentos, como sopas, ensaladas o pastas; asimismo, las hogazas más pequeñas se utilizan a manera de tazón para servir sopas o cremas.

La palabra hogaza o fogaza procede del latín focacius "cocido bajo las cenizas del hogar"; este pan es una variante de la focaccia italiana consumida desde el tiempo de los romanos y, al igual que ésta, originalmente era un pan plano distinto a como se le conoce actualmente. La hogaza es un pan característico de España, sobre todo de la región de Castilla y León, aunque no exclusivo de ésta, donde históricamente el cultivo del trigo y otros cereales ha sido de gran importancia para la economía de la comunidad. En la Edad Media era frecuente que la gente preparara la masa de pan en sus casas, la marcara con un sello y posteriormente acudiera al horno público a cocerla. En aquella época el consumo de pan blanco de trigo estaba reservado a las élites, la gente común consumía pan negro con harinas sin refinar. Para el siglo XVII la hogaza era un pan elaborado con harina mal cernida que se cocía, como el panis focacius, entre las cenizas. En épocas de escasez la harina de trigo se sustituía por harinas de otros cereales consideradas inferiores, como centeno y maíz, o incluso, garbanzo y castaña. Era consumida por pastores y viajeros debido a que era un pan que se conservaba bien durante mucho tiempo. En los conventos también se utilizaba para preparar una sopa que se ofrecía a mendigos y peregrinos, con la cual se aprovechaba el pan endurecido que los monjes no alcanzaban a consumir.

Actualmente la hogaza de León es un pan de harina de trigo, de centeno o de una mezcla de ambas, de amasado lento y larga fermentación; generalmente es redonda y abombada, aunque es posible encontrar algunas variantes.

RENDIMIENTO: 1 hogaza   PREPARACIÓN: 50 min   REPOSO: 6 h 25 min   COCCIÓN: 45 min

Equipo y utensilios

cacerola de cerámica con tapa, rejilla

Ingredientes

1 kg de harina de trigo + cantidad suficiente para espolvorear
650 ml de agua + 1 cucharadita

20 g de sal
10 g de levadura fresca troceada o 5 g de levadura en polvo

Procedimiento

1 Mezcle en un tazón la harina de trigo con el agua y la sal (si utiliza levadura en polvo agréguela en este momento) hasta obtener una masa. Colóquela sobre una superficie de trabajo enharinada y amásela: con una mano tome un extremo de la masa y estírelo hacia el lado contario mientras sujeta con la otra el extremo opuesto; después, pliegue el extremo estirado sobre sí mismo, para que quede sobre el contario. Repita este movimiento durante 5 minutos. Cubra la masa con plástico autoadherente y déjela reposar 10 minutos. Amásela nuevamente siguiendo la misma técnica durante 5 minutos o hasta que obtenga una masa lisa y elástica; déjela reposar 10 minutos más. (Fotos 1 y 2.)

2 Enharine un poco la superficie de trabajo y extienda ligeramente la masa en ella; coloque encima la levadura troceada y humedézcala con la cucharadita de agua mezclándola suavemente con la yema de los dedos hasta obtener una pasta. Trabájela durante 5 minutos o hasta que la levadura se haya incorporado por completo a la masa. Cúbrala con plástico autoadherente y déjela reposar durante 10 minutos. Amásela nuevamente durante 5 minutos y déjela reposar 10 minutos más. Rectifique que la elasticidad de la masa sea de punto de media o ventana (ver pág. 18), en caso contrario, amásela algunos minutos más.

3 Forme una esfera con la masa y colóquela en un tazón ligeramente engrasado; cúbrala con plástico autoadherente y déjela reposar a temperatura ambiente durante 1 hora.

4 Ponche la masa sobre la superficie de trabajo enharinada; dele nuevamente forma de esfera y aplánela ligeramente; doble una porción del borde de la masa hacia el centro de la misma, estirándola y presionándola para que se fije en el centro; repita con el borde contrario y, posteriormente, con los dos bordes a los lados. (Fotos 3, 4, 5 y 6.)

5 Cubra con suficiente harina la cacerola de cerámica y transfiera a ella la masa. Tápela y déjela reposar entre 3 y 4 horas. Precaliente el horno a 250 °C. (Fotos 7 y 8.)

6 Hornee el pan dentro de la cacerola tapada durante 20 minutos. Disminuya la temperatura del horno

a 200 °C, retire la tapa de la cacerola y continúe la cocción durante 25 minutos más o hasta que la superficie del pan esté bien dorada y crujiente.

Saque el pan de la cacerola y déjelo reposar sobre la rejilla durante 45 minutos antes de consumirlo.

HOT CROSS BUN

El hot cross bun es un bollo suave, ligeramente dulce y especiado, con pasas de Corintio u otras frutas cristalizadas y decorado con una cruz. Es un pan que se consume tradicionalmente en Viernes Santo o al término de la Cuaresma en Gran Bretaña, Irlanda, Australia, Canadá, India, Pakistán, Nueva Zelanda y Sudáfrica, donde se vende en todo tipo de panaderías, desde pequeñas y locales, hasta en las de los supermercados o centros comerciales.

Los hot cross buns son un símbolo del catolicismo: el bollo representa la comunión, la cruz en la superficie la crucifixión de Jesucristo, y las especias su embalsamiento. Originalmente el bollo era un bocadillo de Cuaresma, pues se consideraba un pan sobrio, sin lácteos y poco dulce. Durante el reinado de Isabel I se cimentó la popularidad de estos panecillos dentro de las celebraciones cristianas. En 1592, la reina, que era protestante, decretó que los hot cross buns sólo podrían hornearse durante las celebraciones de la Navidad y la Pascua, así como en los entierros. Tal restricción tenía como intención reducir su consumo, pues era un símbolo del cristianismo y se presumía que algunos contenían hostias en su interior. Desafortunadamente para la reina, la escasez aumentó la demanda y los bollos sólo se hicieron más populares.

El primer registro escrito que se tiene de este pan data de inicios del siglo XVIII, y aunque se sabe que se consumen desde mucho tiempo atrás, su origen no es claro; por lo mismo, lo rodean muchos mitos y leyendas. Existen fuentes que le atribuyen un origen pagano como tributo a Eostre, quien a su vez, puede referirse a la diosa anglosajona de la primavera y el amanecer; a Oestre, una divinidad germana asociada con la fertilidad y la primavera, o incluso a Eos, la diosa griega del amanecer. Se cree que la cruz con la que se decora cada bollo hace referencia a un antiguo símbolo celta: la cruz celta con líneas del mismo tamaño representa en su línea horizontal la intersección de la tierra, y en su línea vertical el cielo; entre lo humano y lo divino; asimismo, puede representar el renacimiento del mundo después del invierno y los cuatro cuartos de la luna, así como las cuatro estaciones.

La receta de estos bollos especiados se ha transformado a través de los años; originalmente las cruces se formaban haciendo cortes en la masa; ahora se hacen con un glaseado blanco o con una pasta hecha con harina. Las frutas y especias pueden variar dependiendo del panadero o de la región donde se elabore; incluso, es posible encontrarlos con chispas de chocolate en lugar de pasas, rellenos con lemon curd o caramelo, o glaseados con colores llamativos.

RENDIMIENTO: 22 hot cross buns **PREPARACIÓN:** 1 h 30 min **REPOSO:** 2 h **COCCIÓN:** 28 min

Equipo y utensilios

manga pastelera con duya de 5 mm, charolas para hornear cubiertas con papel siliconado o tapetes de silicón, batidor globo, olla pequeña, brocha, rejilla

Ingredientes

MASA
500 g de harina de trigo
10 g de sal
11 g de levadura en polvo
225 ml de leche
50 g de huevo

30 g de yemas
80 g de azúcar
20 g de miel de abeja
la ralladura de 1 limón
80 g de mantequilla cortada en
   cubos, a temperatura ambiente

60 g de pasas hidratadas en agua
y escurridas
2 g de canela molida
2 pizcas de nuez moscada
en polvo
1 pizca de pimienta gorda molida
35 g de cáscara de naranja
confitada, picada finamente

PASTA BLANCA
50 g de mantequilla derretida
45 ml de leche
50 g de azúcar

10 g de huevo
2.5 ml de extracto de vainilla
100 g de harina de trigo
la ralladura de ½ limón

TERMINADO
harina de trigo para espolvorear
mantequilla suavizada para
engrasar
cantidad suficiente de Brillo de
huevo (ver pág. 78)
1 receta de Glaseado de chabacano
(ver pág. 78)

Procedimiento

MASA

1 Elabore manualmente la masa siguiendo el procedimiento de la Masa de bizcocho (ver pág. 26), o en batidora eléctrica, siguiendo el procedimiento de la Masa *brioche* (ver pág. 28). Incorpore la miel de abeja y la ralladura de limón junto con el azúcar. Deberá obtener una masa elástica y no muy firme; si resulta muy seca, agréguele un poco mas de leche; en cambio si está muy líquida, agréguele un poco de harina.

2 Incorpore a la masa las pasas hidratadas, las especias y la cáscara de naranja confitada.

3 Engrase ligeramente un tazón, coloque dentro la masa y cúbralo con plástico autoadherente. Deje fermentar la masa a temperatura ambiente hasta que duplique su volumen.

PASTA BLANCA

1 Mezcle en un tazón con un batidor globo la mantequilla derretida con la leche, el azúcar, el huevo y el extracto de vainilla. Incorpore la harina junto con la ralladura de limón, mezclando hasta obtener una pasta homogénea. Introduzca la pasta en la manga pastelera y resérvela.

TERMINADO

1 Enharine una superficie de trabajo, encima, ponche la masa y divídala en porciones de 50 gramos; déjelas reposar durante 5 minutos y boléelas.

2 Coloque las esferas de masa sobre las charolas y úntelas con un poco de mantequilla para evitar que se resequen. Cúbralas con plástico autoadherente y déjelas reposar durante 50 minutos. Precaliente el horno a 180 °C.

3 Retire con cuidado el plástico de las esferas de masa y barnícelas con brillo de huevo. Decórelas con la pasta blanca formando una cruz en su superficie. Hornee los *hot cross buns* durante 18 minutos o hasta que se doren.

4 Caliente ligeramente el glaseado de chabacano y barnice los *hot cross buns*; colóquelos sobre una rejilla y déjelos enfriar.

KAISERSEMMEL

El Kaisersemmel, de "káiser" y semmel que significa "pan pequeño" o "panecillo", también es conocido como kaiser roll, pan vienés o pan emperador, entre otros. Es un pan crujiente con forma de bollo individual cuya característica principal es que la parte superior está dividida en cinco segmentos curvados que irradian desde el centro del bollo hacia fuera, haciendo alusión a una corona; probablemente a la corona imperial de Francisco I primer emperador de Austria tras la disolución del Santo Imperio Romano Germánico en 1806.

El Kaisersemmel es considerado como la primer viennoiserie o el primer pan vienés de la historia. Algunas fuentes del siglo XIX sitúan su origen en el siglo XV durante el reinado de Federico IV de Austria (1383-1439); otras, algunos años más tarde, durante el de Federico de Habsburgo (1440-1493). Sin embargo, su fama despegó durante el siglo XIX, época en la que fue introducido en Francia por Christophe-Auguste Zang, un oficial de artillería austriaco que abrió en 1838-1839 la primera panadería en París especializada en la venta de pan vienés.

En aquella época, tanto en Viena como en París, el pequeño pan de costra dorada e interior suave era un producto de lujo que requería de manos habilidosas y bien entrenadas para su confección. Según un texto escrito en 1903 por Emil Braun, en Viena, el correcto moldeado de los bollos era importante: de 100 panaderos, sólo 10 lograban hacerlo correctamente, y hasta que un panadero lograba elaborarlos con maestría era considerado bueno. Originalmente la forma del pan se obtiene efectuando 5 dobleces a un disco de masa utilizando el dedo pulgar como guía; sin embargo, actualmente se realizan técnicas más sencillas o, incluso, un cortador (que ya existía en la época de Braun) que permite marcar los bollos de masa facilitando su elaboración.

Actualmente muchos panaderos optan por decorarlos con semillas de ajonjolí o de amapola. Se consume en el desayuno acompañado con mantequilla, mermelada o queso; como acompañamiento de una comida o cerveza, o bien, como base para preparar todo tipo de sándwiches.

RENDIMIENTO: 14 *Kaisersemmels* PREPARACIÓN: 1 h 15 min REPOSO: 2 h COCCIÓN: 15 min

Equipo y utensilios
charolas para hornear cubiertas con papel siliconado o tapetes de silicón, brocha, rejilla

Ingredientes

MASA
1 kg de harina de trigo
25 g de sal
12 g de levadura en polvo
560 ml de agua
45 g de azúcar
15 g de leche en polvo
60 ml de aceite

TERMINADO
aceite para engrasar
cantidad suficiente de Brillo
 de huevo (ver pág. 78)
200 g de ajonjolí o de semillas
 de amapola

Procedimiento

MASA

1 Para elaborar la masa, consulte los pasos 1, 2 y 3 de la Masa de *croissant* (ver pág. 74). Forme con la harina de trigo y la sal un volcán

sobre una superficie de trabajo; haga un orificio en el centro, coloque dentro la levadura en polvo y mézclela con un poco de agua. Agregue un poco más de agua e incorpore poco a poco la harina del derredor.

2 Añada el azúcar y la leche en polvo, sin dejar de trabajar la masa e incorporando gradualmente el aceite y un poco más de agua. Amase hasta obtener una masa homogénea, suave y elástica. Rectifique la consistencia de la masa y de ser necesario agregue el resto del agua.

3 Engrase ligeramente un tazón, coloque dentro la masa y cúbralo con plástico autoadherente. Deje reposar la masa a temperatura ambiente hasta que duplique su volumen.

TERMINADO

1 Enharine una superficie de trabajo, encima, ponche la masa y divídala en porciones de 120 gramos; déjelas reposar durante 5 minutos y boléelas. Unte las esferas de masa con un poco de aceite para evitar que se resequen. Cúbralas con plástico autoadherente y déjelas reposar durante 10 minutos.

2 Retire con cuidado el plástico de las esferas de masa, forme con ellas tiras de 12 centímetros de largo y espolvoréelas con harina. Tome una de las tiras y cruce las puntas dejando un pequeño hueco en el centro, cerciorándose de que el extremo de la tira que quede debajo sea más largo que el quede por encima. Pase la punta que quedó debajo por encima del orificio e introdúzcala en él. Después, pase nuevamente esta punta por encima e introdúzcala de nuevo en el orificio central. Finalmente, pase el extremo de la tira que quedó suelta por debajo, introduciéndola en el orifico y cerciorándose que salga a través de él. Repita este paso con el resto de las tiras. (Fotos 1, 2, 3, 4, 5 y 6.)

3 Coloque las figuras de masa sobre las charolas, cúbralas con plástico autoadherente y déjelas reposar hasta que dupliquen su volumen.

4 Precaliente el horno a 190 °C.

5 Barnice los *Kaisersemmel* con brillo de huevo, espolvoréelos con el ajonjolí o con las semillas de amapola y hornéelos durante 15 minutos o hasta que se doren uniformemente. Sáquelos del horno y déjelos enfriar sobre la rejilla.

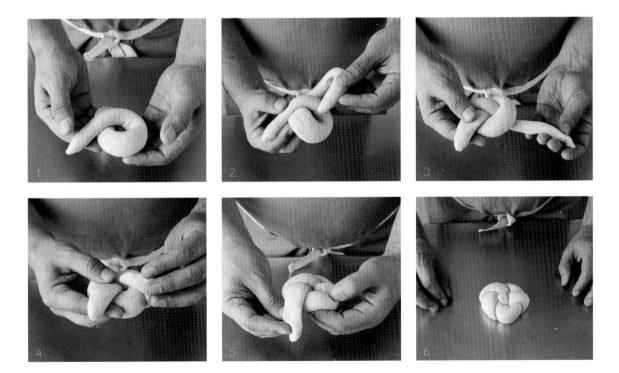

KOUIGN-AMANN

Según la asociación del kouign-amann de Douarnenez, este pan fue inventado en 1860 en la comuna de Douarnenez en la región de Bretaña, Francia, por Yves René Scordia. La historia cuenta que un día de mucha afluencia en la panadería de la familia Crozon, el panadero Scordia, queriendo abastecerla rápidamente, preparó un pan con los ingredientes que tenía a la mano: masa de pan, mantequilla con sal y azúcar. Es muy probable que el pandero estuviera familiarizado con la técnica del laminado utilizada en la elaboración de masa hojaldre y que, de esta forma, haya creado este nuevo pan empastando la masa con mantequilla y azúcar realizando los dobleces típicos de la técnica de laminado. El resultado fue una especie de pastel con varias láminas crujientes rebosantes del aroma y cremoso sabor de la mantequilla y del azúcar caramelizado; de ahí su nombre, del bretón kouign, pastel o brioche, y amann, mantequilla.

Dicha asociación fue creada en noviembre de 1997 por 17 pasteleros y panaderos de la comuna de Douarnenez con la finalidad de dar a conocer la historia de este producto local del cual todo mundo hablaba, incluso muy popular en varias partes del mundo (Japón, Australia, Gabón, Estados Unidos, Gran Bretaña...), pero del que muy pocos conocían su origen. En un inicio la asociación buscaba crear un logo para hacer resaltar el producto y darlo a conocer, así como para valorizar tanto al pan como a la profesión del panadero y a la región y, finalmente, para proteger su forma de elaboración artesanal, su aspecto, su sabor y su calidad.

La masa laminada del kouign-amann está compuesta de un 50% de mantequilla y un 50% de masa fermentada; tradicionalmente es de 20 centímetros aproximadamente y se come, de preferencia, caliente o tibio el mismo día de su elaboración. Actualmente se elaboran versiones individuales y se le agregan otros ingredientes para variar su sabor, como frutas de temporada, chocolate o semillas y nueces.

RENDIMIENTO: 21 kouign-amann PREPARACIÓN: 1 h 30 min REPOSO: 2 h COCCIÓN: 20 min

Equipo y utensilios

charola con papel siliconado, batidora eléctrica con pala, rodillo, 2 moldes para *muffins*, rejilla

Ingredientes

MASA
400 g de harina de trigo
10 g de levadura en polvo
65 ml de agua tibia + 200 ml a temperatura ambiente
40 g de azúcar
50 g de mantequilla cortada en cubos, a temperatura ambiente

EMPASTE
260 g de mantequilla
115 g de azúcar
20 g de harina de trigo + cantidad suficiente para espolvorear
6 g de sal

TERMINADO
azúcar para espolvorear
1 pizca de sal

Procedimiento

MASA

1 Para elaborar la masa, consulte los pasos 1, 2 y 3 de la Masa de *croissant* (ver pág. 74). Forme con la harina de trigo un volcán sobre una

superficie de trabajo. Haga un orificio en el centro, coloque dentro la levadura en polvo y disuélvala con el agua tibia; después, incorpore el azúcar y un poco más de agua. Mezcle poco a poco la harina del derredor, agregue el resto del agua y continúe incorporando el resto de la harina poco a poco hasta obtener una masa. Amásela hasta que se despegue de la superficie y esté un poco elástica.

2 Añada poco a poco la mantequilla y continúe trabajando la masa hasta que se despegue de la superficie y esté lisa, suave y elástica.

3 Coloque la masa en la charola, pónchela y aplástela ligeramente con las manos. Cúbrala con plástico autoadherente y refrigérela durante 1 hora.

EMPASTE

1 Bata la mantequilla con el azúcar, la harina de trigo y la sal a velocidad baja hasta que la mezcla se suavice. Forme con ella un rectángulo de 10 × 20 centímetros. Refrigérela hasta que se endurezca. (Ver pág. 31.)

2 Saque la masa del refrigerador. Enharine la superficie de trabajo y coloque encima la masa; extiéndala hasta obtener un rectángulo de 20 × 40 centímetros. Coloque el rectángulo de mantequilla sobre la mitad de la masa y cúbralo con la otra mitad; presione las orillas para que la mantequilla no se salga al momento de estirar la masa.

3 Siga el procedimiento de la página 32 para laminar la masa. Cubra la masa con plástico autoadheren-

te para evitar que se reseque, y déjela reposar en refrigeración durante 1 hora.

TERMINADO

1 Saque la masa del refrigerador. Espolvoree la superficie con suficiente azúcar y la pizca de sal, coloque encima la masa y espolvoréela con más azúcar. Extienda la masa con el rodillo, espolvoreándola ocasionalmente por ambos lados con más azúcar, hasta obtener un rectángulo de 63 × 27 centímetros con un grosor de ½ centímetro.

2 Engrase y espolvoree con azúcar las cavidades de los moldes para *muffins*. Precaliente el horno a 200 °C.

3 Corte el rectángulo de masa en cuadros de 9 centímetros y espolvoréelos con azúcar. Doble con ambas manos las puntas de uno de los cuadros de masa hacia el centro del mismo e introdúzcalo en una de las cavidades del molde. Repita este paso con el resto de los cuadros y espolvoréelos con más azúcar. (Foto 1.)

4 Hornee los *kouign-amann* durante 10 minutos; descienda la temperatura del horno a 170 °C y continúe la cocción durante 10 minutos más o hasta que se doren uniformemente. Sáquelos del horno, desmóldelos mientras estén calientes y déjelos enfriar sobre la rejilla.

LAVASH

El lavash, lavaş, katyrma, jupka' o yufka, es un pan plano que se consume tradicionalmente en los países de la región del Caucásico. En el 2014 la preparación y significado tradicional del lavash armenio fue designada como Patrimonio Cultural Inmaterial de la Humanidad por la UNESCO; dos años más tarde se unieron las formas de elaboración y significado de Azerbayán, Irán, Kazajistán, Kirguistán y Turquía.

El lavash es un pan tradicional que forma parte integral de la cocina armenia; para los armenios el proceso de elaboración lleva consigo un significado ceremonial y requiere de habilidades y de mucha experiencia. En este proceso participan hombres y mujeres; los primeros se encargan de preparar el horno y encender el fuego, mientras que un grupo de entre 3 y 5 mujeres prepara la masa y hornea el pan mientras conversan alegremente. Asimismo, el lavash se considera un símbolo de fertilidad y prosperidad; por esta razón, en las bodas se coloca un pan en el hombro de cada uno de los recién casados.

Tradicionalmente la masa se elabora con masa madre obtenida de la masa sobrante de panes anteriores. Mientras se prepara la masa, una mujer se encarga de recitar bendiciones u oraciones amables y, una vez terminado el amasado, marca una cruz en la superficie de la masa mientras pide por la salud y felicidad de las personas que comerán el pan. La masa se deja reposar y una mujer se encarga de porcionarla y bolearla; después, otra mujer extiende las esferas de masa con un rodillo sobre una superficie de madera hasta obtener rectángulos u óvalos bien delgados de más de 30 centímetros de largo. Posteriormente, la mujer encargada de cocer el pan extiende un poco más la masa en el aire usando sus manos, la coloca sobre una especie de almohadilla ovalada, y con un golpe certero, pega la masa en la pared del t'onir o tonir (en armenio թոնիր es un horno de barro enterrado en el suelo, similar a un tandoor) y, 30 segundos después o una vez cocido, lo saca con un gancho. Debido a que es un pan poco húmedo, se seca rápidamente, lo cual le permite conservarse en buenas condiciones entre 6 y 12 meses; para consumirlo, el lavash duro se humedece con un poco de agua y se deja reposar para que se ablande nuevamente.

Dependiendo de dónde se elabore, el grosor, tamaño y forma de elaboración del pan cambia. Se puede servir suave, haciéndolo ideal para rellenarlo con queso, carnes y verduras o para utilizarlo a manera de cubierto; o bien, se puede servir más duro o tostado como botana para acompañar hummus, tapenade y sopas. Actualmente en algunas regiones el lavash se prepara de forma más industrializada y es común que se le agreguen especias y semillas, como cúrcuma, curry, ajonjolí o comino.

RENDIMIENTO: 16 lavash | **PREPARACIÓN:** 1 h | **REPOSO:** 1 noche + 30 min | **COCCIÓN:** 90 min

Equipo y utensilios
rodillo, charolas para hornear engrasadas con o mantequilla o manteca vegetal, rejilla

Ingredientes

MASA
1 kg de harina de trigo
16 g de sal
10 g de levadura en polvo

550 ml de agua
60 ml de aceite de oliva
 + cantidad suficiente
 para engrasar

Conserve los lavash en un recipiente hermético hasta por 2 semanas.

harina de trigo para enharinar
aceite de oliva para engrasar
cantidad suficiente de Brillo de
huevo (ver pág. 78)

ajonjolí, semillas de comino, curry
en polvo, semillas de anís,
cúrcuma o páprika, al gusto

Procedimiento

MASA

1 Para elaborar la masa, consulte los pasos 1, 2 y 3 de la Masa de *croissant* (ver pág. 74). Forme con la harina de trigo y la sal un volcán sobre una superficie de trabajo; haga un orificio en el centro, coloque dentro la levadura en polvo, mézclela con un poco del agua y comience a incorporar la harina del derredor. Vierta el resto del agua poco a poco, mezclando hasta obtener una masa homogénea.

2 Continúe trabajando la masa, incorporando gradualmente el aceite, hasta obtener una masa homogénea, suave y elástica.

3 Forme una esfera con la masa y úntela con un poco de aceite de oliva. Colóquela en un tazón y cúbralo con plástico autoadherente. Deje reposar la masa en refrigeración durante 1 noche.

TERMINADO

1 Enharine ligeramente una superficie de trabajo, encima, ponche la masa y divídala en porciones de 100 gramos. Boléelas, úntelas con un poco de acei-

te, cúbralas con plástico autoadherente y déjelas reposar durante 30 minutos.

2 Retire la harina de la superficie, aplane ligeramente con el rodillo una de las esferas de masa y espolvoréela con un poco de harina. Extienda la masa, despegándola de la superficie y girándola ocasionalmente, hasta que obtenga un grosor de 2 milímetros. Repita este paso con el resto de las esferas de masa. (Fotos 1 y 2.)

3 Precaliente el horno a 180 °C. Coloque los panes sobre las charolas, barnícelos con brillo de huevo, espolvoréelos con semillas o especias de su elección y rocíelos con un poco de aceite de oliva. (Foto 3.)

4 Hornee los *lavash* durante 5 minutos, saque las charolas y, si lo desea, córtelos con un cortador para pizza en trozos del tamaño de su elección; continúe el horneado durante 5 minutos más o hasta que se doren uniformemente. Sírvalos tibios, o bien, permita que se enfríen sobre la rejilla.

MUFFIN DE BLUEBERRIES

Los muffins estilo americano son suaves y esponjosos panecillos individuales distintos a sus homónimos ingleses. Se elaboran con una masa tipo pastel que utiliza como leudante un agente químico y que tiene una consistencia semilíquida, por lo que debe hornearse en moldes.

La aparición del primer muffin se dio a finales del siglo XVIII en Estados Unidos cuando en 1780, supuestamente, una mujer agregó a una masa carbonato de potasio como agente leudante. Existe una evidencia escrita del uso de este químico para la elaboración de muffins en el primer libro de cocina estadounidense *American Cookery* de *Amelia Simmons* publicado en 1796. Es probable que los primeros muffins hayan sido una adaptación en presentación individual del cornbread o pan de maíz. Las primeras versiones eran preparaciones caseras que se degustaban durante el desayuno; se elaboraban con harina de distintos cereales; eran menos dulces que las versiones actuales e incluían pocos ingredientes extra, como manzana rallada, pasas o nueces. En un inicio se horneaban en moldes de hierro fundido; posteriormente se introdujeron los moldes de aluminio y de plástico, así como los capacillos, instrumentos que facilitaron su elaboración. A mediuolos del siglo XX varias compañías estadounidenses sacaron a la venta mezclas de harina para muffins empaquetadas, a las cuales algunos años después se les incorporaron conservadores que permitían que los panecillos se conservaran más tiempo, aunque en detrimento de su frescura; asimismo, varias cafeterías comenzaron a incluir en su menú distintas variedades de muffins, convirtiéndolos en un icono de la panadería estadounidense.

Actualmente la variedad es extensa; los hay dulces y salados; chicos y extra grandes; industrializados y de manufactura artesanal; catalogados como productos gourmet o incluso saludables; de sabores clásicos y sencillos, como chocolate o naranja, hasta mezclas más elaboradas o extravagantes. El muffin de blueberries fue designado en 1988 como el muffin oficial del estado de Minnesota como resultado a la propuesta de los alumnos de tercer grado de una escuela local quienes sugirieron a este panecillo como símbolo de su estado debido a la importancia del trigo y de las moras azules como productos agrícolas al sur y al norte del estado respectivamente. Con la receta que propongo de este clásico obtendrá muffins con una incomparable textura húmeda y esponjosa y con una superficie crujiente para deleitar a los paladares más exigentes.

RENDIMIENTO: 18 muffins de blueberries **PREPARACIÓN:** 1 h **REPOSO:** 30 min-1 h **COCCIÓN:** 30 min

Equipo y utensilios
charola, batidora eléctrica con pala, 2 moldes para *muffins* engrasados y enharinados, rejilla

Ingredientes

STREUSEL
200 g de harina de trigo
100 g de mantequilla fría, cortada en cubos
50 g de azúcar
50 g de azúcar mascabado
1 g de sal
1 g de canela molida

MASA
500 g de harina de trigo
10 g de polvo para hornear
10 g de sal
100 g de mantequilla a temperatura ambiente
380 g de azúcar
20 g de miel de abeja
200 g de huevo

200 ml de leche
20 g de extracto de vainilla
100 ml de aceite
350 g de moras azules o *blueberries*

Procedimiento

STREUSEL

1 Mezcle en un tazón la harina de trigo con los cubos de mantequilla, utilizando las yemas de los dedos, hasta obtener una consistencia arenosa. Agregue el resto de los ingredientes y continúe mezclando hasta obtener moronas de tamaño regular. Extienda la preparación en una charola y refrigérela entre 30 minutos y 1 hora.

MASA

1 Cierna la harina de trigo con el polvo para hornear y la sal; resérvela.

2 Suavice un poco la mantequilla en la batidora; añada el azúcar y la miel de abeja y continúe batiendo a velocidad media, raspando ocasionalmente la mezcla que se pegue a las paredes y el fondo del tazón, durante 4 minutos o hasta obtener una preparación suave, cremosa y esponjosa.

3 Agregue los huevos, uno por uno, incorporando bien cada uno antes de añadir el siguiente. Sin dejar de batir, vierta poco a poco la leche y el extracto de vainilla; una vez incorporados, añada el aceite y continúe batiendo hasta obtener una preparación homogénea.

4 Incorpore con una espátula la mezcla de harina en tres tantos y, finalmente, mezcle las moras azules o *blueberries*.

TERMINADO

1 Precaliente el horno a 180 °C.

2 Distribuya la masa en las cavidades de los moldes hasta llenar tres cuartas partes de su capacidad. Coloque 1 cucharada de *Streusel* sobre cada *muffin* y presiónelo ligeramente con la mano.

3 Hornee los *muffins* durante 30 minutos o hasta que al insertar un palillo en el centro de uno, éste salga limpio. Sáquelos del horno, desmóldelos y déjelos entibiar sobre la rejilla antes de servirlos.

Si lo desea, puede utilizar moras azules o blueberries congeladas. Incorpórelas a la mezcla sin descongelarlas.

PAIN AU CHOCOLAT

El pain au chocolat (pan de chocolate) o chocolatine (chocolatín) es una viennoiserie francesa que consiste en un rectángulo de masa hojaldrada fermentada, como la del croissant, relleno de chocolate amargo. No obstante, actualmente es posible encontrar versiones elaboradas con masa para brioche, distintos tipos de chocolate y con otros ingredientes como frutos secos, pasas, crema pastelera, entre otros.

En Francia existe una gran controversia sobre cuál es el nombre correcto de este pan; si bien la mayoría de la población lo conoce como pain o petit pain au chocolat, al sur del país en las regiones de Burdeos y Toulouse se afirma fervientemente que el nombre adecuado es chocolatine. De hecho, para los franceses sureños el nombre de pain au chocolat designa a un refrigerio infantil típico que consiste en un trozo de pan blanco, generalmente baguette o un pan similar, con una barra de chocolate dentro; de ahí la importancia de tener dos nombres distintos para referirse a dos comidas distintas. En Quebec también se le conoce como chocolatine, que es el mismo nombre que adoptamos en México y otras regiones de Latinoamérica, y en Bélgica se le conoce como couque au chocolat. Existen muchas hipótesis con respecto a la etimología de la palabra chocolatine, aunque la más factible es que venga de la palabra gascona chocola tina, compuesta por chocolat, chocolate en francés, y el sufijo diminutivo "ina" que en gascón se utiliza para designar algo pequeño, bueno y dulce.

El origen de este pan es igual de controversial e incierto que su nombre; sin embargo, una hipótesis sugiere que su antecesor es el Schokoladencroissant que sería el término austriaco para designar al croissant (pan que en Francia ya era famoso a mediados del siglo XIX) relleno de chocolate; incluso se piensa que el término chocolatine surgió de una transformación lingüística hecha por los franceses al intentar adoptar una palabra que normalmente escuchaban con acento austriaco.

La receta de chocolatín que presento a continuación es una versión clásica que se elabora con masa para croissant y chocolate amargo; recomiendo que este último tenga un mínimo de 44% cacao y que la mantequilla que utilice sea de calidad; de esta forma obtendrá un pan crujiente y con una consistencia cremosa y suave en cada mordida.

RENDIMIENTO: 24 pains au chocolat **PREPARACIÓN:** 45 min **REPOSO:** 1 h 30 min **COCCIÓN:** 15 min

Equipo y utensilios
rodillo, brocha, charolas para hornear cubiertas con papel siliconado o con tapete de silicón, rejilla

Ingredientes
1 receta de Masa de *croissant* con un reposo en refrigeración de 2 horas (ver pág. 72)
cantidad suficiente de Brillo de huevo (ver pág. 78)

48 barras delgadas de chocolate semiamargo de 8 cm de largo y 1 cm de ancho

Procedimiento
1 Enharine ligeramente una superficie de trabajo, coloque sobre ella la masa de *croissant* y extiéndala hasta obtener un rectángulo de 40 × 72 centímetros y de ½ centímetro de grosor.

2 Corte el rectángulo por la mitad a lo ancho para obtener dos rectángulos de 20 × 70 centímetros. Corte cada uno en 12 rectángulos de 6 × 20 centímetros y barnícelos con un poco de brillo de huevo.

3 Ponga una barra de chocolate a lo largo de la base de un rectángulo de masa, dejando un espacio de 2 centímetros entre la orilla y el chocolate. Enrolle el rectángulo sobre sí mismo para envolver la barra de chocolate y presione toda la orilla del doblez con los dedos; coloque enseguida otra barra de chocolate y continúe enrollando hasta llegar al final del rectángulo. (Fotos 1, 2 ,3.) Repita este paso con el resto de los rectángulos.

4 Coloque los rollos en las charolas con el doblez hacia abajo y barnícelos con un poco de brillo de huevo. Déjelos reposar durante 1½ horas o hasta que dupliquen su volumen. Precaliente el horno a 175 °C. (Foto 4.)

5 Barnícelos nuevamente y hornéelos durante 15 minutos o hasta que se doren. Sáquelos del horno y déjelos enfriar sobre la rejilla.

PAN DE CENTENO

Actualmente el pan de centeno es un alimento popular en Escandinavia, Rusia, Polonia, Alemania y Dinamarca, aunque su consumo es ancestral. Es probable que los primeros consumidores de pan de centeno lo hayan elaborado con granos salvajes recolectados alrededor del Mar Negro y en la zona entre éste y el Mar Caspio, y que lo aromatizaran con semillas de anís, cilantro o alcaravea. En la Antigüedad tardía, cuando las prácticas agrícolas se volvieron más comunes, el consumo del centeno se extendió a países como Ucrania, Rusia, Hungría, Polonia, Austria y Alemania, debido a que el clima frío y las nevadas en estas regiones no favorecían el cultivo del trigo, pero sí el del centeno y la cebada. Cabe mencionar que, además del trigo, el centeno es de los pocos cereales con una cantidad de gluten suficiente para poder panificarlo.

Posteriormente, en la Edad Media, el grano fue introducido a Gran Bretaña y Francia por los sajones y los francos respectivamente; por su parte, los vikingos lo llevaron en sus expediciones hacia Islandia y Groenlandia. En aquella época los cereales eran la base de la alimentación de la población de bajos recursos, quienes consumían pan de centeno (además de otros granos) o pan negro, mientras que el pan de trigo o pan blanco se reservaba para las elites. Entonces se creía que el pan de trigo era más nutritivo y que su sabor era más delicado y fino, lo cierto es que, el pan de centeno era más económico debido a la resistencia y facilidad de cultivo del grano, además de que se conservaba durante más tiempo. Asimismo, durante los periodos de hambruna, epidemias, guerra e inclemencias meteorológicas, el cultivo del trigo se veía mermado, por lo que el pan de centeno servía como alimento para el grueso de la población.

Estos hábitos de consumo se conservaron aproximadamente hasta el siglo XVII debido, en parte, al enriquecimiento de los países europeos tras la colonización de territorios; en este periodo, Francia y Gran Bretaña cambiaron el pan negro por el pan de trigo refinado. No obstante, el cultivo y el gusto por el centeno persistió en Escandinavia y Europa oriental; por ejemplo, en Alemania la producción de trigo no superó a la de centeno hasta 1957. A lo largo de la historia, los panaderos del norte de Europa han logrado dominar el arte de la elaboración de un buen pan de centeno y actualmente es parte esencial de su dieta.

RENDIMIENTO: 2 barras   PREPARACIÓN: 1 h   REPOSO: 3 h   COCCIÓN: 35 min

Equipo y utensilios
tela para pan, sartén de hierro, charola para hornear cubierta con papel siliconado o tapetes de silicón, atomizador, navaja, rejilla

Ingrediente
MASA
360 ml de agua tibia
3 g de miel de abeja
325 g de harina de trigo
200 g de harina
   de centeno
4 g de levadura en polvo
13 g de sal

TERMINADO
harina de trigo para enharinar

Procedimiento

MASA

1 Mezcle en un tazón el agua tibia y la miel de abeja. En otro recipiente mezcle ambas harinas con la levadura en polvo y añádales el agua con miel. Mezcle los ingredientes con una pala de madera durante 4 minutos o hasta obtener una masa.

2 Añada la sal a la masa y amásela manualmente durante 10 minutos. Durante este proceso la masa adquirirá una consistencia ligeramente pegajosa; sin embargo, deberá continuar con el amasado hasta obtener una masa elástica.

3 Forme una esfera con la masa y colóquela dentro de un tazón ligeramente engrasado. Cúbralo con plástico autoadherente y déjela reposar a temperatura ambiente hasta que duplique su volumen.

TERMINADO

1 Enharine ligeramente una superficie de trabajo y coloque encima la masa. Pónchela, doble una de las orillas hacia el centro de la misma y repita esto mismo del lado contrario. Déjela reposar durante 10 minutos. (Fotos 1 y 2.)

2 Divida la masa en 2 porciones de 450 gramos, boléelas y déjelas reposar durante 10 minutos más.

3 Tome una de las porciones de masa y extiéndala con los dedos hasta que obtenga un óvalo. Doble una de las orillas hacia el centro del mismo, presione a lo largo de todo el doblez, y continúe doblando y presionando de la misma forma hasta obtener un rollo firme. Presione bien el doblez del cierre final colocándolo por debajo de la pieza y adelgazando ligeramente las puntas. Repita este paso con la porción de masa restante y deje reposar los rollos sobre la superficie enharinada, cubiertos con plástico autoadherente durante 10 minutos. (Fotos 3, 4 y 5.)

4 Acomode los rollos de masa sobre la tela para pan, separados por algunos centímetros, y cúbralos

con la tela. Déjelos reposar a temperatura ambiente durante 1 hora. (Foto 6.)

5 Precaliente el horno a 250 °C. Coloque el sartén en el piso del horno e introduzca la charola en el horno.

6 Cuando el horno tenga la temperatura adecuada, vierta ½ taza de agua en el sartén caliente y déjela calentar durante 5 minutos. Rocíe los rollos con un poco de agua, déjelos reposar durante 4 minutos y hágales en la superficie 3 incisiones poco profundas con la navaja. (Fotos 7 y 8.)

7 Coloque los panes en la charola caliente, introdúzcalos en el horno y ciérrelo inmediatamente. Disminuya la temperatura a 210 °C. Hornee los panes durante 15 minutos, saque con cuidado el sartén con el agua y continúe la cocción durante 20 minutos más o hasta que los panes tengan un dorado uniforme. Verifique la cocción golpeando ligeramente un pan por debajo, deberá escucharse un sonido hueco. Sáquelos del horno y déjelos reposar durante 40 minutos sobre la rejilla antes de consumirlos.

PAN DE CENTENO, PASAS Y NUEZ

Generalmente la masa de los panes de centeno es sencilla se compone de harina, agua, sal, levadura y, en ocasiones, masa madre; normalmente no incluye leche ni mantequilla. La mayoría de los panes actuales se elaboran con una mezcla de harina de trigo y harina de centeno; la primera, rica en gluten, le otorga al pan una consistencia esponjosa, y la segunda, le confiere su sabor distintivo. Dependiendo de la proporción de harinas utilizadas se obtiene un pan diferente; por ejemplo, en Alemania se considera que un pan es blanco si contiene entre 90 y 100% de harina de trigo; pan blanco mixto si contiene entre 49.9 y 90% de harina de trigo; pan de centeno si contiene entre 90 y 100% de harina de centeno, y pan de centeno mixto si contiene entre 50 y 89.9% de harina de centeno. Asimismo, los panes de centeno pueden ser ligera o completamente obscuros o de texturas distintas dependiendo del tipo de harina utilizada, de su grado de refinamiento y de su calidad.

Un buen pan de centeno presenta un sabor distintivo y complejo; debe ser ácido, pero agradable al paladar, ligeramente frutal y anuezado, y con un fuerte aroma a malta. Actualmente es común agregarles distintos tipos de semillas o frutas para aumentar su valor nutricional o simplemente para modificar su sabor y textura; las más comunes son: semillas de alcaravea, de linaza, de calabaza, de girasol y de amapola; aceitunas, avena, nueces y frutas secas.

El consumo del pan de centeno varía de acuerdo con cada país. Algunos productos con los que regularmente se consume son queso y fruta, pescados ahumados o en vinagre y carnes frías; también es común utilizarlo como acompañamiento de sopas y cortarlo en rebanadas para realizar sándwiches o canapés.

Cada bocado de la receta que aquí propongo es ligeramente dulce debido a las pasas, y crujiente por las nueces; es ideal consumirlo con una copa de vino tinto, queso y carnes frías, y nada mejor que si lo preparamos en casa para recibir a nuestros invitados.

RENDIMIENTO: 1 barra **PREPARACIÓN:** 1 h 15 min **REPOSO:** 25h 30 min **COCCIÓN:** 30-40 min

Equipo y utensilios

tela para pan, charola para hornear cubierta con papel siliconado o tapete de silicón, atomizador, navaja, rejilla

Ingredientes

PREFERMENTO
140 g de harina de trigo
110 ml de agua
1 g de levadura en polvo

MASA
290 ml de agua
350 g de harina de trigo
100 g de harina de centeno
50 g de harina de trigo integral

3 g de levadura en polvo
12 g de sal
100 g de arándanos deshidratados
  o pasas
100 g de pasas rubias o sultanas
100 g de nueces troceadas
18 g de miel de abeja

TERMINADO
harina de trigo para enharinar

Procedimiento

PREFERMENTO

1 Prepare el prefermento siguiendo el procedimiento de elaboración de la Masa madre (ver pág. 23) dejándolo reposar en refrigeración durante 24 horas.

MASA

1 Saque el prefermento del refrigerador y córtelo con las manos en trozos de aproximadamente 3 centímetros. Colóquelos en un tazón grande y agregue la mitad del agua, los tres tipos de harina y la levadura en polvo; mezcle con las manos, agregando gradualmente más agua, hasta obtener una masa homogénea, suave y firme.

2 Enharine ligeramente una superficie de trabajo y coloque encima la masa, añádale la sal y amásela durante 10 minutos o hasta obtener una masa elástica. Agregue los arándanos o las pasas, las pasas rubias y las nueces troceadas; amase la masa hasta incorporarlos.

3 Forme una esfera con la masa y colóquela en un tazón ligeramente engrasado y cúbralo con plástico autoadherente. Deje reposar la masa a temperatura ambiente durante 1½ horas.

TERMINADO

1 Para elaborar el pan, consulte el paso a paso del Pan de centeno (ver págs. 123-126). Enharine ligeramente una superficie de trabajo y encima, ponche la masa. Doble una de las orillas hacia el centro de la misma y repita esto mismo del lado contrario. Déjela reposar durante 10 minutos.

2 Extienda la masa con los dedos hasta que obtenga un óvalo. Doble una de las orillas hacia el centro del mismo, presione a lo largo de todo el doblez, y continúe doblando y presionando de la misma forma hasta obtener un rollo firme. Presione bien el doblez del cierre final colocándolo por debajo de la pieza y adelgazando las puntas. Deje reposar el rollo sobre tela para pan, cubierto con la misma tela, durante 1 hora.

3 Precaliente el horno a 230 °C. Coloque el sartén en el piso del horno e introduzca la charola en el horno. Cuando el horno tenga la temperatura adecuada, vierta ½ taza de agua en el sartén y déjela calentar durante 5 minutos.

4 Rocíe el rollo con un poco de agua y déjelo reposar durante 4 minutos. Hágale a lo largo una incisión poco profunda con la navaja.

5 Coloque el pan en la charola caliente, introdúzcalo en el horno y ciérrelo inmediatamente. Disminuya la temperatura a 200 °C. Hornee el pan durante 15 minutos, saque con cuidado el sartén con el agua y continúe la cocción durante 20 minutos más o hasta que el pan tenga un dorado uniforme. Verifique la cocción golpeándolo ligeramente por debajo, deberá escucharse un sonido hueco. Sáquelo del horno y déjelo reposar durante 40 minutos sobre la rejilla antes de consumirlo.

PAN DE CAJA O DE MOLDE

El pan de molde, de caja o en barra, es un pan de sabor generalmente neutro elaborado con una masa enriquecida con mantequilla, leche y poco azúcar. Se caracteriza por tener una miga de textura suave y esponjosa, pero sin una costra crujiente. El pan se hornea en moldes rectangulares que le dan forma de barra; su superficie es ligeramente curva, pero puede ser totalmente lisa si se hornea en un molde con tapa. Habitualmente, la barra de pan se vende en supermercados o tiendas de conveniencia previamente rebanada y empaquetada. Sus usos más comunes son para sándwiches, entremeses y pan francés.

La popularidad del pan de caja surgió en Estados Unidos a inicios del siglo XX como un símbolo de modernidad e higiene. Esa época estuvo marcada por una creciente tasa de urbanización, así como por la transformación y crecimiento de la industria de los alimentos, debido al uso de máquinas modernas y a métodos de producción innovadores; además, se popularizó la fabricación y el consumo de comida procesada. Sin embargo, debido a que no existía ningún tipo de regulación en la elaboración de estos productos, comenzaron a darse casos de enfermedades causadas por malas prácticas higiénicas o por la presencia de aditivos nocivos en los alimentos. Esta problemática rápidamente se mediatizó, y se convirtió en un tema de debate y de alerta público. Surgió entonces un movimiento conocido como The Pure Foods Mouvement, cuyos miembros buscaban de forma activa forzar a los fabricantes a modificar la forma en que manejaban y distribuían sus alimentos, boicoteando los establecimientos insalubres y coaccionando a los funcionarios estatales y locales a instituir reformas que regularan los procesos de producción y de comercialización de los alimentos.

El boom industrial y la urbanización trajeron consigo la proliferación de panaderías citadinas que atendían las demandas de la creciente clase trabajadora. Muchos de estos establecimientos no contaban con las condiciones sanitarias adecuadas, por lo que los activistas en pro de los alimentos "puros" dirigieron sus críticas hacia ellas. Los consumidores vieron en el pan una amenaza latente de contaminación y de enfermedad. Estos temores fueron la causa del cierre de varias panaderías pequeñas; se reglamentó que todo el pan debía ser envuelto en plástico para su venta; las "sucias" manos de panaderos experimentados fueron remplazadas por maquinaria moderna, misma que permitió uniformar el tamaño y la forma de los panes; asimismo, haciendo alusión a la pureza e higiene del producto, se popularizó el consumo de la hogaza de pan blanco, de textura suave y esponjosa, sustituyendo a los panes elaborados con harinas integrales, densos y con corteza crujiente.

En la década de 1920, la rebanadora automática revolucionó aún más a la industria del pan. Su inventor Otto Frederick Rohwedder trabajó desde 1912 en varios prototipos, y en el curso de su investigación se dio cuenta de que las hogazas rebanadas se secaban rápidamente; su solución fue crear una máquina que cortaba el pan y que también lo envolvía. En 1928, la compañía de Rohwedder vendió su primer pan rebanado. A los clientes les encantó el producto y el pan blanco en rebanadas se hizo cada vez más popular. Para 1930, las ventas se dispararon en Estados Unidos cuando Wonder Bread comenzó a comercializar y promover el pan de molde con su propio equipo diseñado especialmente.

Equipo y utensilios

2 moldes para pan de caja de 29 × 10 cm engrasados y enharinados, incluida la tapa; rejilla, cuchillo de sierra

Ingredientes

MASA

10 g de levadura en polvo
125 ml de leche
500 g de harina de trigo + cantidad suficiente para enharinar
30 g de azúcar
10 g de sal

20 g de leche en polvo
50 g de mantequilla derretida, a temperatura ambiente
200 ml agua

TERMINADO

harina de trigo para enharinar

Procedimiento

MASA

1 Disuelva en un tazón la levadura en polvo con la mitad de la leche y resérvela.

2 Mezcle en un tazón la harina de trigo con el azúcar, la sal y la leche en polvo. Forme con esta mezcla un volcán sobre una superficie de trabajo; haga un orificio en el centro, coloque dentro la mezcla de levadura y leche y mézclela con un poco de la harina del derredor. Agregue poco a poco la mitad restante de leche y continúe incorporando la harina hasta obtener una masa homogénea.

3 Añada la mantequilla derretida, amasando constantemente hasta que se integre completamente. Trabaje la masa, agregando agua en caso de ser necesario, hasta que esté suave, firme y elástica.

4 Forme una esfera con la masa, colóquela dentro de un tazón ligeramente engrasado y cúbralo con plástico autoadherente. Deje fermentar la masa a temperatura ambiente hasta que duplique su volumen.

TERMINADO

1 Enharine una superficie de trabajo, encima, ponche la masa y divídala en 2 porciones; boléelas y déjelas reposar durante 5 minutos. Deles forma de cilindro siguiendo el procedimiento de la *Baguette*, pero sin adelgazar las orillas (ver pág. 47). El largo de los cilindros deberá ser ligeramente más pequeño que el de los moldes para pan, y su volumen no deberá sobrepasar más de la mitad de su capacidad.

2 Introduzca los cilindros de masa en los moldes, cúbralos con plástico autoadherente y déjelos reposar hasta que dupliquen su volumen. Coloque la tapa a los moldes y déjelos reposar durante 15 minutos más. Precaliente el horno a 185 °C. (Fotos 1 y 2.)

3 Hornee los panes durante 20 minutos. Retire la tapa de los moldes y continúe la cocción durante 10 minutos más. Sáquelos del horno, desmóldelos sobre la rejilla y déjelos enfriar antes de rebanarlos con el cuchillo de sierra.

PAN INTEGRAL DE AVENA Y MIEL

Hasta inicios del siglo pasado, el pan elaborado con harinas integrales era el más consumido por el grueso de la población y representaba un alimento básico en la dieta, si no es que el más importante. Actualmente el consumo de pan blanco, es decir, el elaborado con harina de trigo refinada, es preferido en la mayoría de los países occidentales, con excepción de algunas partes en los países nórdicos.

Un pan integral es aquel en cuya elaboración se utiliza algún tipo de harina integral, es decir, la que se obtiene mediante la molienda de una semilla de cereal completo, sin separar el salvado y el germen del endospermo. La mayoría de los nutrientes de los cereales –vitaminas, minerales, proteínas, carbohidratos, fibra dietética y antioxidantes– se localizan en el germen y el salvado; estos nutrientes, a su vez, están presentes en las harinas integrales. Generalmente, la intención principal de elaborar un pan con este tipo de harina es la de obtener un alimento densamente nutritivo. Sin embargo, para obtener un producto saludable, pero con una consistencia, sabor y apariencia agradables, es necesario incluir dentro de sus ingredientes una parte de harina refinada o blanca.

Ambas harinas, la integral y la refinada, presentan ventajas y desventajas en la elaboración de pan. La integral, por contener el germen y el salvado, hace que el pan tenga mayor cantidad de nutrientes y sabor que si se elabora con harina refinada. Pero ésta permite, debido a la ausencia de germen y de salvado, que se forme en la masa un gluten fuerte, que el pan tenga mayor tiempo de vida y que no se enrancie fácilmente. Las características de sabor, consistencia y textura del pan también son diferentes; mientras que con la harina integral se obtiene un pan de color marrón oscuro y sabor astringente, además de consistencia densa, fibrosa y un tanto seca, con la refinada se evita todo lo anterior.

El pan que presento a continuación tiene una mezcla de harina refinada y harina integral, además de estar enriquecido con avena y semillas de girasol, alimentos ricos en fibra dietética y en ácidos grasos esenciales. Su miga es de textura suave y ligeramente dulce, por lo que es ideal para comer con alimentos dulces y salados, como mermeladas, cremas de semillas, cajeta ha un espacio de más mieles, quesos y embutidos.

RENDIMIENTO: 3 barras   PREPARACIÓN: 1 h   REPOSO: 2 h 10 min   COCCIÓN: 35 min

Equipo y utensilios

charolas para hornear cubiertas con papel siliconado o tapetes de silicón, brocha, rejilla

Ingredientes

MASA MADRE
200 g de harina de trigo integral
5 g de levadura en polvo
300 ml de agua

MASA
200 g de avena
500 g de harina de trigo
240 g de harina de trigo integral
25 g de sal
10 g de levadura en polvo
300 ml de leche

150 ml de agua
60 g de miel de abeja
60 g de azúcar
150 g de mantequilla cortada en
     cubos, a temperatura ambiente

TERMINADO
harina de trigo para enharinar
120 g de miel de abeja diluida en
     60 ml de agua
150 g de avena y semillas de girasol
     mezcladas

Procedimiento

MASA MADRE

1 Prepare la masa madre como se indica en la página 23. Deje que repose durante 4 horas como mínimo.

MASA

1 Precaliente el horno a 180 °C.

2 Distribuya la avena en una charola para hornear y hornéela durante 10 minutos o hasta que se dore ligeramente. Sáquela del horno y déjela enfriar.

3 Mezcle en un tazón las harinas con la avena tostada y la sal y, en otro, la leche con el agua.

4 Forme con la mezcla de harinas un volcán sobre una superficie de trabajo; haga un orificio en el centro, coloque dentro la masa madre y un poco de la leche con agua y mézclelas con un poco de la harina del derredor. Agregue la levadura en polvo y continúe incorporando gradualmente un poco más de harina y de leche. Incorpore de la misma forma la miel de abeja con el azúcar y, después, los cubos de mantequilla, amasando hasta que se integren por completo. (Fotos 1, 2, 3 y 4.)

5 Amase la masa hasta que esté suave, firme y elástica. Forme con ella una esfera, colóquela dentro de un tazón ligeramente engrasado y cúbralo con plástico autoadherente. Deje fermentar la masa a temperatura ambiente hasta que duplique su volumen.

TERMINADO

1 Enharine una superficie de trabajo, encima, ponche la masa, divídala en porciones de 400 gramos y boléelas. Cúbralas con plástico autoadherente y déjalas reposar durante 10 minutos.

2 Dé forma a las porciones de masa sobre la superficie de trabajo ligeramente enharinada, ya sean bollos o cilindros similares a una *baguette*, pero sin adelgazar las puntas. Colóquelos sobre las charolas, barnícelos con la miel diluida en agua y espolvoréelos con la mezcla de avena y semillas de girasol. Déjelos reposar cubiertos con plástico autoadherente hasta que dupliquen su volumen.

3 Precaliente el horno a 180 °C.

4 Hornee los panes durante 25 minutos o hasta que tengan un dorado uniforme. Verifique la cocción golpeando ligeramente un pan por debajo; si se escucha un sonido hueco, sáquelos del horno y déjelos enfriar sobre la rejilla. De lo contrario, prolongue un par de minutos el tiempo de cocción.

PAN MULTIGRANO

Un pan multigrano es aquel que está elaborado con dos o más granos distintos; generalmente se utiliza trigo como base y a éste se le agregan otros granos. Los cereales más utilizados en panificación son cebada, mijo, avena, centeno, maíz y arroz. El aporte nutrimental y el perfil organoléptico de un pan multigrano varían dependiendo de la combinación, de la cantidad, del tipo de granos que contenga y de si éstos son enteros o no. Con excepción de algunas versiones comerciales, para elaborar pan multigrano se utilizan comúnmente harinas integrales, así como granos quebrados o enteros; el resultado es un pan rico en fibra dietética, en vitaminas y en minerales. En cuestión de textura y sabor, a diferencia de un pan elaborado con harina(s) refinada(s), el pan multigrano es de miga cerrada y tiene una consistencia densa; su sabor es concentrado, ligeramente terroso y anuezado; en ocasiones, se perciben notas amargas debido a los taninos del trigo. Asimismo, es común que los panes multigrano se complementen con otros ingredientes, ya sea con fines nutricionales, de sabor y/o de textura; algunos de ellos son: linaza, semillas de girasol y de calabaza, amaranto, quinoa, chía, nueces y frutas secas, como pasas, chabacanos, arándanos, entre otros.

El pan multigrano que presento a continuación incluye 4 granos distintos: trigo, bulgur, avena y cebada; además, está adicionado con semillas de linaza y de girasol, mismas que son una excelente fuente de fibra y de ácidos grasos esenciales. Su consistencia es suave y ligera y presenta un delicioso aroma a levadura y a trigo. Es ideal para preparar sándwiches o bocadillos dulces y salados.

RENDIMIENTO: 2 barras   PREPARACIÓN: 1 h   REPOSO: 3 h 10 min   COCCIÓN: 25 min

Equipo y utensilios

batidora eléctrica con gancho, 2 moldes para pan de caja de 29 × 10 cm engrasados y enharinados, incluidas las tapas; brocha, rejilla, cuchillo de sierra

Ingredientes

MEZCLA DE GRANOS
25 g de bulgur o trigo quebrado
25 g de semillas de girasol
25 g de avena
25 g de linaza
20 g de cebada gastada
  o cebada perlada remojada
  en agua durante una noche,
  escurrida
75 ml agua

MASA
350 g de harina de trigo
125 g de harina de trigo integral

75 g de harina de centeno
10 g de sal
11 g de levadura en polvo
325 ml de agua
20 g de miel de abeja
15 g de leche en polvo
40 g de mantequilla cortada en
  cubos, a temperatura ambiente

TERMINADO
harina de trigo para enharinar
mantequilla para engrasar
100 g de avena, semillas de linaza
  y de girasol mezcladas

Conserve el pan dentro de una bolsa de plástico hasta por 3 días. Puede hacer su propia mezcla de granos, ya sea modificando la proporción de los granos que se indican en la receta, o bien, sustituyéndolos con los granos de su elección, como semillas de calabaza, chía o alcaravea. Asegúrese de obtener una mezcla final de 200 gramos.

Procedimiento

MEZCLA DE GRANOS

1 Coloque en un tazón todos los ingredientes y déjelos reposar durante 1 hora.

MASA

1 Mezcle en la batidora las harinas con la sal y la levadura en polvo. Bata a velocidad media, agregando poco a poco el agua, hasta que obtenga una masa homogénea.

2 Añada la miel de abeja y la leche en polvo y continúe amasando hasta que la masa esté ligeramente elástica. Verifique la consistencia de la masa: si resulta muy seca, agregue un poco mas de agua; en cambio si está muy líquida, agregue un poco de harina.

3 Continúe batiendo la masa, agregando poco a poco la mantequilla, hasta obtener una masa suave y elástica. Añada la mezcla de granos con el agua de remojo y bata hasta que se integren.

4 Forme una esfera con la masa, colóquela dentro de un tazón ligeramente engrasado y cúbralo con plástico autoadherente. Deje fermentar la masa a temperatura ambiente hasta que duplique su volumen.

TERMINADO

1 Enharine una superficie de trabajo, encima, ponche la masa, divídala en dos porciones y boléelas. Engráselas con un poco de mantequilla, cúbralas con plástico autoadherente y déjelas reposar durante 10 minutos.

2 Tome una de las porciones de masa y dele forma de cilindro siguiendo el procedimiento de la *Baguette*, pero sin adelgazar las orillas (ver pág. 47). El largo del cilindro deberá ser ligeramente más pequeño que el del molde de caja, y su volumen no deberá sobrepasar más de la mitad de su capacidad. Repita este paso con la porcion de masa restante.

3 Introduzca las masas en los moldes, cúbralos con plástico autoadherente y déjelos reposar hasta que dupliquen su volumen. Barnice la superficie de los panes con un poco de agua y espolvoréelos con la mezcla de avena, linaza y girasol. Precaliente el horno a 180 °C.

4 Hornee los panes durante 25 minutos o hasta que tengan un dorado uniforme. Sáquelos del horno, desmóldelos sobre la rejilla y déjelos enfriar antes de rebanarlos con el cuchillo de sierra.

Los granos y las semillas se deben agregar hasta el final de procedimiento de elaboración de la masa para evitar que afecten el desarrollo del gluten, de lo contario, obtendría un pan denso. Asimismo, éstos deben remojarse para evitar que durante el horneado absorban la humedad de la masa, de lo contrario, el pan resultaría muy seco.

PAN PARA HAMBURGUESA

La hamburguesa es uno de los alimentos más populares y consumidos en Estados Unidos. Consiste en un disco de carne molida asado a la parrilla y servido dentro de un bollo de pan blanco. Se complementa con una variedad de condimentos, quesos, vegetales y salsas, entre otros ingredientes.

El origen exacto de la hamburguesa es incierto, pues existen múltiples versiones y leyendas al respecto. Sin embargo, muchas de ellas rastrean sus raíces a mediados del siglo XIX en el norte de Alemania, donde se consumía carne de vacas criadas en la zona rural alrededor de la ciudad de Hamburgo. La carne de Hamburgo se preparaba de muchas formas: cuando era fresca, se comía cruda, picada, sazonada y en forma de disco; pero para conservarla por más tiempo se recurría al ahumado, secado, salado o se hacía un tipo de embutido similar a una salchicha. Estas preparaciones se volvieron comunes en toda Europa y Gran Bretaña y eventualmente llegaron al continente americano, específicamente al puerto de Nueva York, a través de inmigrantes y marineros europeos procedentes del puerto de Hamburgo. A finales del siglo XIX, ya era popular en los menús de los restaurantes alemanes un plato llamado Hamburg steak, es decir, una carne al estilo de Hamburgo. La carne se combinaba frecuentemente con otras carnes picadas, como cerdo y cordero, y se condimentaba con cebolla, ajo, sal y pimienta; a veces se servía cruda, pero por lo general se cocía a la parrilla o frita.

La hamburguesa, como la conocemos actualmente, vio la luz hasta inicios del siglo XX, cuando alguien comenzó a servir el Hamburg steak o los discos de carne molida dentro de un pan. Sobre este suceso tampoco existe consenso, pues a varias personas se les atribuye la autoría de esta idea. Lo que sí es cierto es que en la preparación de una hamburguesa el pan, además de la carne, es el único ingrediente fundamental.

La función principal de este pan es la de contener la carne y el resto de los ingredientes para darle estructura a la hamburguesa y así facilitar su transporte, ya sea del puesto de hamburguesas a la mesa, o del plato a la boca. El pan para hamburguesa se elabora con una masa fermentada enriquecida con un poco de grasa y azúcar y con un alto contenido de humedad, lo cual permite obtener el bollo ideal; es decir, un bollo que se mantiene suave por dentro y por fuera durante varios días; de miga apretada y esponjosa que le permite absorber un poco de los jugos de la carne y de los demás ingredientes, lo que evita que se rompa, y de sabor neutro, ligeramente dulce y cremoso, pero sin aromas o sabores dominantes que opaquen al conjunto de los ingredientes de la hamburguesa.

RENDIMIENTO: 11 bollos　PREPARACIÓN: 1 h　REPOSO: 4 h 20 min　COCCIÓN: 15 min

Equipo y utensilios
11 aros de 10 centímetros de diámetro engrasados, charolas para hornear cubiertas con papel siliconado o tapetes de silicón, brocha, rejilla

Ingredientes

MASA
500 g de harina de trigo
11 g de sal
10 g de levadura en polvo
275 ml de agua
55 g de azúcar
20 g de leche en polvo

75 g de mantequilla cortada en
  cubos, a temperatura ambiente

TERMINADO
harina de trigo para enharinar
aceite en aerosol para engrasar
50 g de Brillo de huevo (ver pág. 78)
50 g de ajonjolí (opcional)

Puede conservar los bollos en bolsas resellables entre 2 y 3 días.

Procedimiento

MASA

1 Para elaborar la masa, consulte los pasos 1, 2 y 3 de la Masa de *croissant* (ver pág. 74). Forme con la harina de trigo y la sal un volcán sobre una superficie de trabajo. Haga un orificio en el centro, coloque dentro la levadura en polvo y disuélvala con un poco del agua; después, incorpore el azúcar junto con la leche en polvo y un poco más de agua. Mezcle poco a poco la harina del derredor, mientras agrega el resto del agua; continúe incorporando el resto de la harina poco a poco hasta obtener una masa. Amásela hasta que se despegue de la superficie y esté un poco elástica.

2 Incorpore a la masa poco a poco la mantequilla y continúe trabajándola hasta que se despegue de la superficie y esté lisa, suave y elástica.

3 Forme una esfera con la masa, colóquela dentro de un tazón ligeramente engrasado y cúbralo con plástico autoadherente. Deje reposar la masa a temperatura ambiente durante 2 horas.

TERMINADO

1 Enharine una superficie de trabajo, encima, ponche la masa y divídala en porciones de 80 gramos; déjalas reposar durante 10 minutos. Boléelas y déjelas reposar 10 minutos más.

2 Coloque los aros sobre las charolas y ponga un bollo de masa dentro de cada uno; rocíelos con aceite en aerosol y presiónelos con las manos. Cúbralos con plástico autoadherente y déjelos reposar durante 2 horas. (Foto 1.)

3 Precaliente el horno a 175 °C. Retire delicadamente el plástico que cubre los bollos, barnícelos con el brillo de huevo y espolvoréelos con el ajonjolí. (Fotos 2 y 3.)

4 Hornee los panes durante 15 minutos o hasta que se doren uniformemente. Sáquelos del horno y déjelos enfriar sobre la rejilla.

PAN PARA HOT DOG

El hot dog es uno de los íconos más importantes de la comida estadounidense; consiste en una salchicha hervida o frita servida en un bollo alargado con distintos condimentos.

A principios del siglo XIX, inmigrantes germanos introdujeron en Estados Unidos las salchichas tipo Frankfurt y tipo Viena las cuales, posteriormente, fueron adaptadas por los estadounidenses para crear variedades locales. Para la década de 1860 comenzaron a aparecer en las calles de Nueva York carritos donde los migrantes vendían salchichas con pan y chucrut y, poco a poco, éstos se fueron adaptando a las costumbres estadounidenses para venderse como sándwiches llamados frankfurter. Existen muchas versiones sobre el origen del hot dog y del pan con el que se elabora. Una de ellas afirma que, alrededor de 1870, el alemán Charles Feltman fue pionero en la venta de frankfurters en un establecimiento en Coney Island; y a Ignatz Fischmann, un panadero del mismo lugar, se le atribuye el haber inventado el bollo. Fue a partir de 1880 que comenzó a popularizarse la venta de salchichas dentro de estos bollos y no fue sino hasta 10 años después que a los frankfurter se le comenzó a llamar hot dogs.

RENDIMIENTO: 15 panes   PREPARACIÓN: 1 h   REPOSO: COCCIÓN: 8-10 min

Equipo y utensilios

rodillo, charolas para hornear cubiertas con papel siliconado o tapetes de silicón, brocha, rejilla

Ingredientes

MASA
500 g de harina de trigo
10 g de sal
7 g de levadura en polvo
300 ml de agua
20 g de azúcar
15 g de leche en polvo
8 g de mejorante para pan blanco

40 g de cubos de manteca vegetal

TERMINADO
harina de trigo para enharinar
cantidad suficiente de Brillo de huevo (ver pág. 78)
60 g de semillas de amapola

El pan para hot dog es similar al pan para hamburguesa y cumple la misma función: contener la salchicha y el resto de los ingredientes para facilitar su consumo y transporte.

Procedimiento

MASA

1 Elabore la masa siguiendo el procedimiento de la masa del Pan para hamburguesa (ver pág. 139), añadiendo el mejorante para pan junto con el azúcar y la leche en polvo y sustituyendo la mantequilla por la manteca. Déjela reposar el mismo tiempo.

TERMINADO

1 Ponche la masa sobre una superficie enharinada y divídala en porciones de 60 gramos; déjalas reposar 10 minutos. Boléelas y déjelas reposar 20 minutos más.

2 Extienda una de las porciones de masa con el rodillo hasta obtener un rectángulo y enróllelo sobre

sí mismo como si fuera un bolillo, pero sin adelgazar las puntas (ver pág. 55). Repita este paso con el resto de las porciones de masa.

3 Coloque los rollos de masa en las charolas, cúbralos con plástico autoadherente y déjelos reposar durante 1½ horas. Precaliente el horno a 220 °C.

4 Retire delicadamente el plástico que cubre los rollos, barnícelos con el brillo de huevo y espolvoréelos con las semillas de amapola.

5 Hornee los panes entre 8 y 10 minutos o hasta que se doren uniformemente. Sáquelos del horno y déjelos enfriar sobre la rejilla.

PAN PITA

El pan pita, también conocido como pan árabe, pan sirio o pan libanés, es un tipo de pan plano y redondo de consistencia muy suave. Se elabora con una masa sencilla a base de harina de trigo, la cual se cuece en un horno o en algún tipo de plancha de metal a temperaturas elevadas, arriba de 230 °C. Cuando la masa entra en contacto con la superficie caliente se infla debido al vapor de agua que se produce dentro de la masa y se forma una especie de bolsa; fuera del horno o de la plancha, el pan se desinfla, pero conserva la cavidad interna.

El pan plano es el primer tipo de pan consumido por el hombre y se originó en Mesopotamia hace más de 10 000 años; entonces, la masa consistía en granos de distintos cereales toscamente quebrados, mezclados con agua. El resultado era un pan ázimo que se cocía sobre piedras calientes cubierto con cenizas. Años después, los egipcios descubrieron que si dejaban reposar la masa durante algún tiempo obtenían panes planos mucho más suaves, ligeros y con mejor sabor; así, originalmente, la fermentación de los panes se lograba mezclando la masa nueva con un poco de masa sobrante del día anterior. Con el paso del tiempo el consumo del este tipo de pan se fue extendiendo y adaptando a otras regiones y los métodos de cocción se diversificaron, por ejemplo, se podía cocer la masa enterrándola en cenizas o en arena caliente; en una placa de metal sobre alguna fuente de calor; o bien, en el piso o las paredes de hornos sencillos hechos de piedra o de barro con materiales disponibles localmente, un ejemplo de ellos es el tandoor. Actualmente estos panes se consumen en toda la región del Mediterráneo, en el Medio Oriente, en los Balcanes, en el sur de Asia, así como en algunos países de África. En cada región hay un nombre específico para el pan, así como variantes y costumbres alrededor de su consumo.

Etimológicamente, pita deriva de la palabra griega moderna πίτα, usada para designar "pastel". En la cocina mediterránea, el pan pita se sirve, ya sea suave o tostado, como acompañante de hummus, tzatziki, baba ganoush, tabouleh, jocoque, y de platos con ingredientes locales, como aceitunas, jitomate, embutidos y quesos. Asimismo, se rellena con diversas preparaciones como falafel, shawarma de cordero o de pollo, kebabs, shakshouka, entre muchas otras preparaciones. En Grecia son famosos los gyros, los cuales tienen un relleno de cerdo o de pollo con tzatziki, jitomate, cebolla y otros condimentos.

RENDIMIENTO: 20 panes **PREPARACIÓN:** 45 min **REPOSO:** 2 h **COCCIÓN:** 4 min

Equipo y utensilios

rodillo, charolas generosamente enharinadas, charolas para hornear, recipiente con tapa o tortillero

Ingredientes

MASA
1 kg de harina de trigo
580 ml de agua
80 g de aceite de oliva
22 g de sal
20 g de levadura fresca troceada
1 g de comino en polvo

TERMINADO
harina de trigo para enharinar
aceite de oliva para engrasar

El corto tiempo de cocción del pan permite que adquiera suavidad y flexibilidad; sin embargo, puede aumentar el tiempo de cocción entre 1 y 2 minutos si desea obtener un pan dorado y crujiente; en este caso, no es necesario conservarlos envueltos en un recipiente con tapa.

Procedimiento

MASA

1 Mezcle todos los ingredientes en un tazón y amáselos hasta obtener una masa lisa, elástica y resistente.

2 Forme una esfera con la masa y colóquela dentro de un tazón ligeramente engrasado; cúbralo con plástico autoadherente y deje reposar la masa a temperatura ambiente hasta que duplique su volumen.

TERMINADO

1 Enharine ligeramente una superficie de trabajo, encima, ponche la masa, divídala en porciones de 80 gramos y déjelas reposar, cubiertas con plástico autoadherente, durante 5 minutos. Boléelas, cúbralas con plástico autoadherente y déjelas reposar durante 20 minutos más.

2 Enharine generosamente la superficie de trabajo, coloque encima una de las esferas de masa, espolvoréela con un poco de harina y extiéndala con un rodillo, girándola ocasionalmente sobre su propio eje, hasta obtener un disco con un grosor de 3 milímetros. Colóquelo en una de las charolas enharinadas y repita este paso con el resto de las porciones de masa. Cubra los discos con plástico autoadherente y déjelos reposar durante 30 minutos. (Foto 1.)

3 Precaliente el horno a 230 °C. Caliente en él algunas charolas para hornear durante 10 minutos.

4 Saque las charolas calientes del horno, espolvoréelas con suficiente harina y distribuya encima los discos de masa sin encimarlos. Hornéelos durante 2 minutos, deles la vuelta y continúe la cocción durante un par de minutos más. Sáquelos del horno, envuélvalos en un trapo de cocina y colóquelos dentro del recipiente con tapa o tortillero para conservarlos calientes.

Si va a rellenar los panes es recomendable abrirlos recién salidos del horno, pues es menos probable que se rompan.

PAN SAN LORENZO

Aprendí a hacer este pan en Brasil durante un curso de mantequillas y margarinas. Se elabora con una masa hojal-drada, similar a la de un pan danés o un croissant pero menos dulce, y se rellena con queso crema; al salir del horno se obtiene un pan con varias capas crujientes y doradas. Es por esta razón que se le atribuye el nombre de San Lorenzo, a quien se le conoce como el santo de los quemados, pues fue condenado a morir quemado en una parrilla de hierro.

RENDIMIENTO: 24 panes **PREPARACIÓN:** 2 h **REPOSO:** 4 h 25 min **COCCIÓN:** 18 min

Equipo y utensilios
rodillo, 2 moldes para *muffins* engrasados, brocha, rejilla

Ingredientes

MASA
1 kg de harina de trigo
20 g de sal
24 g de levadura en polvo
150 ml de leche
100 ml de agua
250 g de huevo

100 g de azúcar
200 g de margarina para danés
    cortada en cubos, a temperatura
    ambiente

EMPASTE
harina de trigo para enharinar
540 g de margarina para danés

TERMINADO
harina de trigo para enharinar
24 esferas de queso crema
    de 20 g c/u
cantidad suficiente de Brillo
    de huevo (ver pág. 78)

Procedimiento

MASA

1 Elabore la masa siguiendo el procedimiento de la Masa de danés (ver pág. 29), incorporando el agua junto con la leche y sustituyendo la mante-quilla con la margarina. Déjela reposar en con-gelación durante el mismo tiempo.

EMPASTE

1 Suavice la margarina para el empaste y forme con ella un rectángulo de 18 x 25 centímetros (ver pág. 31). Refrigérela hasta que se endurezca.

2 Saque la masa del congelador. Enharine la su-perficie de trabajo y extienda encima la masa has-ta obtener un rectángulo de 20 × 40 centímetros. Divida imaginariamente este rectángulo en 3 sec-ciones a lo largo, y coloque encima de dos de estas secciones el rectángulo de margarina. Doble enci-ma de la margarina la sección de masa que dejó libre, y doble nuevamente para juntar los dos ex-tremos de la masa. Deberá obtener un rectángulo de 13 × 20 centímetros.

3 Siga el procedimiento de la página 32 para laminar la masa; realice únicamente tres dobleces senci-llos. Cubra la masa con plástico autoadherente y déjela reposar en refrigeración durante 1 hora.

TERMINADO

1 Saque la masa del refrigerador. Espolvoree la su-perficie de trabajo con un poco de harina, extienda encima la masa, espolvoreándola ocasionalmente por ambos lados con más harina, hasta obtener un grosor de ½ centímetro.

2 Corte la masa en cuadros de 9 centímetros. Colo-que 1 esfera de queso crema en el centro de cada cuadro, doble cada esquina del cuadro hacia el centro, sobre el queso, y presione ligeramente. In-troduzca los panes en los moldes para *muffins* y barnícelos con brillo de huevo. Déjelos reposar du-rante 25 minutos. Precaliente el horno a 185 °C.

3 Hornee los panes durante 18 minutos o hasta se doren uniformemente. Sáquelos del horno, des-móldelos mientras estén calientes y déjelos en-friar sobre la rejilla.

PAN SIN GLUTEN

El gluten de la harina de trigo se caracteriza por su elasticidad y plasticidad, atributos por los cuales es la harina preferida en panificación; con ella se obtiene una masa moldeable, pero resistente, que produce panes muy esponjosos y suaves.

El consumo de gluten en algunas personas es motivo para que presenten ciertas enfermedades, la mayoría de carácter inmunológico. Los síntomas causados por éstas son diversos y con distintos niveles de gravedad; abarcan problemas gastrointestinales y digestivos, malnutrición, urticarias y migrañas, hasta trastornos neurológicos. La celiaquía es una enfermedad que en los últimos años ha sido foco de atención debido a un creciente número de casos en todo el mundo. Esta enfermedad afecta al 1% de la población mundial, aunque esta cifra varía regionalmente. Por ejemplo, México es uno de los países con mayor incidencia de celiaquía con un aproximando de 4% de su población afectada.

El único tratamiento conocido hasta ahora para contrarrestar eficazmente los síntomas causados por estos padecimientos consiste en eliminar de la dieta aquellos alimentos que contengan trigo, cebada o centeno. El pan que presento a continuación es una rica alternativa para que toda persona que padezca de alguna enfermedad relacionada con el consumo de gluten no renuncie a disfrutar de un buen pan.

RENDIMIENTO: 25 panes **PREPARACIÓN:** 45 min **REPOSO:** 2 h 40 min **COCCIÓN:** 25 min

Equipo y utensilios
charolas para hornear cubiertas con papel siliconado, atomizador, rejilla

Ingredientes

MASA
22 g de levadura en polvo
700 ml de agua tibia
300 g de harina de maíz blanco precocido
350 g de harina de arroz

350 g de fécula de maíz
20 g de sal
5 g de polvo para hornear
35 g de *psyllium*
4 g de goma xantana
200 g de huevo

TERMINADO
harina de arroz para enharinar
100 g de semillas (ajonjolí negro, amapola y chía o una mezcla de éstas)

Procedimiento

MASA

1 Mezcle en un recipiente la levadura en polvo con el agua tibia y déjela reposar durante 10 minutos.

2 Combine en un tazón el resto de los ingredientes, excepto el huevo. Incorpore gradualmente a esta mezcla el agua con la levadura y el huevo hasta obtener una masa homogénea, pero sin trabajarla demasiado. Dele forma de esfera, colóquela en un tazón previamente engrasado, cúbrala con plástico autoadherente y déjela reposar durante 1½ horas.

TERMINADO

1 Enharine ligeramente una superficie de trabajo, ponche encima la masa, divídala en porciones de 70 gramos y boléelas. Déjelas reposar durante 5 minutos y deles forma de bolillo (ver pág. 55) o de bollo.

2 Rocíe los panes con agua y espolvoréelos con las semillas; colóquelos sobre las charolas, cúbralos con plástico autoadherente y déjelos reposar durante 1 hora. Precaliente el horno a 200 °C.

3 Haga una incisión a lo largo de los panes y rocíelos con un poco de agua. Baje la temperatura del horno a 180 °C y hornee los panes durante 25 minutos o hasta que se doren ligeramente. Sáquelos del horno y déjelos enfriar sobre la rejilla.

PANECILLO CHINO AL VAPOR

Una parte importante del trigo que se produce en China se destina a elaborar productos tradicionales de su cocina, como pan al vapor, fideos y dumplings. Los primeros registros que se tienen de consumo de pan al vapor datan de la dinastía Han, hace más de 1 500 años. La tradición culinaria en China es sumamente antigua y rica; cada región tiene una cultura culinaria específica debido a diversos factores, como la geografía y la influencia de otras culturas. No resulta extraño entonces que en cada región existan varios tipos de panes al vapor que difieren en apariencia, sabor, tamaño y textura. En términos generales, existen dos tipos de panes al vapor: baozi y mantou. Los primeros son bollos redondos, de entre 5 y 10 centímetros de diámetro, con una base plana que se rellenan con una variedad de ingredientes o preparaciones, se les asigna un nombre específico de acuerdo con su tamaño y con su relleno, sea salado o dulce, como cerdo, pollo, encurtidos, sopa, tofu con vegetales, pasta de frijol o una crema dulce similar a la crema pastelera. Por su parte, los mantou son bollos, sin relleno, de 4 centímetros aproximadamente, con la base y los costados aplanados; se comen solos, con alguna salsa o con leche condensada, o se sirven como acompañamiento de otras comidas.

A lo largo del tiempo el pan al vapor ha evolucionado y se ha adaptado a los gustos y las tecnologías del momento. Antes solía prepararse de forma casera, lo que sigue siendo la norma en muchas áreas rurales; sin embargo, en las ciudades son cada vez más utilizados procesos mecanizados para su producción. Actualmente se pueden encontrar en restaurantes, empacados y congelados en los supermercados o en puestos de comida callejeros; asimismo, es común que la masa se pinte de algún color dependiendo del sabor del relleno, e incluso se pintan o se les de la forma de algún animal o fruta.

La receta de pan al vapor que presento a continuación es la de un gua bao, un ícono de la comida callejera de Taiwán. Consiste en un pan al vapor relleno con carne de cerdo braseada y deshebrada; normalmente se acompaña con hojas de mostaza china encurtidas, cilantro y cacahuates dulces, aunque estos acompañamientos pueden variar. La peculiaridad de este pan es que no tiene forma de bollo, sino que la masa se estira hasta obtener un disco más o menos delgado y después se dobla a la mitad sobre sí mismo; posteriormente, la masa se cuece en una vaporera de bambú y se rellena.

RENDIMIENTO: 15 panes   PREPARACIÓN: 45 min   REPOSO: 45 min   COCCIÓN: 35 min

Equipo y utensilios

rodillo pequeño, brocha, 15 cuadros de papel siliconado de 10 cm por lado, sartén grande, rejilla, vaporera de bambú

Ingredientes

10 g de azúcar
210 ml de agua tibia
5 g de levadura en polvo
370 g de harina de trigo
6 g de polvo para hornear
10 ml de aceite

Procedimiento

1 Disuelva el azúcar en el agua tibia, agregue la levadura en polvo y mezcle bien. Deje reposar la mezcla durante 10 minutos o hasta que se forme una espuma en la superficie.

2 Mezcle en un tazón la harina de trigo y el polvo para hornear; vierta la mezcla de agua y levadura y mezcle hasta obtener una masa homogénea, firme y resistente. Cúbrala con plástico autoadherente y déjela reposar a temperatura ambiente durante 20 minutos o hasta que duplique su volumen.

3 Enharine ligeramente una mesa de trabajo, encima, ponche la masa y divídala en porciones de 40 gramos. Boléelas y déjelas reposar 5 minutos.

4 Coloque uno de los bollos sobre la mesa, aplástelo y extiéndalo con el rodillo hasta obtener un disco u óvalo de 10 centímetros de diámetro. Repita este paso con el resto de los bollos. (Foto 1.)

5 Barnice la superficie de los discos de masa con un poco de aceite, dóblelos por la mitad sobre sí mismos y colóquelos sobre los cuadros de papel siliconado. Déjelos reposar cubiertos con una manta de cielo durante 10 minutos. (Foto 2.)

6 Ponga sobre el fuego el sartén con un poco de agua y coloque encima la rejilla; cuando el agua hierva, baje el fuego a intensidad media.

7 Acomode algunos panecillos, en la vaporera, con el papel siliconado y dejando un poco de espacio entre ellos. Tape la vaporera y colóquela sobre la rejilla. Cueza los panecillos durante 7 minutos; sáquelos y resérvelos cubiertos con un trapo de cocina mientras cuece el resto. (Foto 3.)

8 Despegue el papel siliconado de los panes y rellene éstos con el guisado de su preferencia.

PANETTONE

El panettone es un pan navideño originario de Milán, Italia, hecho con una masa enriquecida, similar a la de un brioche; tradicionalmente tiene una fermentación lenta y se elabora con un prefermento o masa madre natural. Normalmente, a la masa se le adicionan pasas, cáscaras de limón y naranja confitadas, vainilla y almendras. Su miga es alveolada, de consistencia sumamente suave y genera una sensación cremosa en la boca; tanto su sabor como su aroma son frutales, ligeramente ácidos y perfumados. Actualmente existen en toda Italia y en otros países versiones distintas a la tradicional; así, se pueden encontrar panes hechos con distintos tipos de frutas, variedad de frutos secos troceados o en pasta, cremas untables, chispas de chocolate, aromatizados con especias, e incluso rellenos. El panettone tiene la peculiaridad de ser un pan grande en forma de cúpula de la cual existen dos versiones: el bajo y el alto. Originalmente la masa del panettone no incluía tanta mantequilla, por lo que podía hornearse sin necesidad de utilizar un molde; cuando se horneaba, el pan resultante tenía forma de domo y no era muy alto. La versión moderna o alta se originó alrededor de 1920; la masa se enriqueció con más mantequilla y, por tanto, los panaderos tuvieron que utilizar papel de estraza para contener la masa y darle forma vertical. Actualmente existen moldes de distintos tamaños, ya sea para hacerlos bajos o altos o para hacer versiones individuales. El panettone fue considerado un producto de lujo hasta principios del siglo XX, cuando comenzó a elaborarse y comercializarse de forma industrial. Como dato curioso, Perú es, después de Italia, el segundo país que más consume panettone, tanto que lo han hecho parte de fiestas tradicionales.

Sobre la etimología de la palabra panettone existen muchas opiniones, algunas más inventivas que otras. La más realista indica que el significado es simplemente "pan grande". Sobre el origen del pan existen también muchas versiones, pero algunas fuentes indican que los orígenes del panettone pueden rastrearse en la Edad Media, época en la que también era exclusivo de las celebraciones navideñas. En aquel entonces, el pan era mucho más sencillo de lo que es ahora, pues se componía de harina de trigo, masa madre y miel; no obstante, debido al uso de miel y de una harina refinada era un pan más fino del que se comía cotidianamente. Varias fuentes sugieren que este pan era parte de un ritual de Nochebuena que existía desde antes del siglo XV llamado el rito del tronco. El ritual consistía en quemar un tronco en la chimenea, alrededor del cual se colocaban los miembros de la familia o comunidad mientras celebraban con vino y panettone. De este pan se hacían tres piezas grandes para repartir entre todos, pero se guardaba una porción para el año siguiente. Se piensa que el ritual era un tipo de recreación de la Última Cena, y la porción de pan reservada para la siguiente Navidad representaba la renovación de la encarnación, la pasión y la muerte de Jesucristo.

La receta de panettone que presento a continuación es la de un pan alto. Puede consumirlo con té o café durante el desayuno o en la tarde acompañado de un vino generoso. Por supuesto, puede servirlo durante la cena de Navidad, o bien, preparar versiones individuales para regalar.

RENDIMIENTO: 5 panes grandes o 30 individuales PREPARACIÓN: 1 h 30 min REPOSO: 2 días COCCIÓN: 35 min

---

Equipo y utensilios

batidora eléctrica con gancho, 5 moldes de papel para *panettone* de 10 cm de diámetro x 15 cm de altura, o 30 moldes individuales de 5 × 7 cm, brocha, 10 brochetas de bambú largas o 60 palillos de madera largos

Ingredientes

FRUTAS MACERADAS
90 g de pasas
140 g de pasas rubias o sultanas
160 g de cáscara de naranja
  confitada o la ralladura
  de 4 naranjas
160 g de cáscara de limón confitada
  o la ralladura de 3 limones
80 ml de ron añejo

MASA MADRE
5 g de levadura en polvo
250 ml de leche
5 g de sal
250 g de harina de trigo

MASA
750 g de harina de trigo

1 vaina de vainilla o 5 ml de extracto
  de vainilla
200 g de azúcar
15 g de sal
30 g de levadura en polvo
200 g de yemas
200 ml de leche
320 g de mantequilla cortada
  en cubos, a temperatura
  ambiente

TERMINADO
harina de trigo para enharinar
cantidad suficiente de Brillo
  de huevo (ver pág. 78)
100 g de mantequilla cortada en 5
  o 30 trozos, de acuerdo con los
  moldes que utilizará

Procedimiento

FRUTAS MACERADAS

1 Mezcle todos los ingredientes en un tazón y déjelos reposar en refrigeración durante una noche.

MASA MADRE

1 Disuelva en un tazón la levadura en polvo con la leche. Añada la sal y la harina de trigo, y mezcle la preparación a mano durante 2 minutos o hasta obtener una masa homogénea.

2 Espolvoree ligeramente una superficie de trabajo y amase en ella la masa durante 5 minutos o hasta que obtenga una consistencia elástica. Forme una esfera con la masa y colóquela dentro de un tazón ligeramente engrasado. Cúbrala con plástico autoadherente y déjela reposar a temperatura ambiente durante 3 horas.

3 Ponche la masa dentro del tazón, cúbrala nuevamente y resérvela en refrigeración durante una noche (10 horas idealmente).

MASA

1 Deje temperar la masa madre fuera del refrigerador durante 2 horas.

2 Mezcle en la batidora la harina de trigo con el interior de la vaina de vainilla o el extracto, el azúcar y la sal. Batiendo a velocidad baja, agregue la levadura en polvo, las yemas y la masa madre. Suba la velocidad a media intensidad y vierta poco a poco la leche; continúe batiendo, raspando ocasionalmente la mezcla pegada a las paredes y la base del tazón, durante 15 minutos más o hasta obtener una masa lisa, homogénea y elástica. (Fotos 1 y 2.)

3 Con la batidora encendida a velocidad media-baja, agregue poco a poco la mantequilla a la masa, raspando las paredes entre cada adición. Cuando haya añadido toda la mantequilla, suba un poco la velocidad y continúe batiendo durante 10 minutos o hasta que la masa alcance el punto de media o ventana. Añada las frutas maceradas recién sacadas

del refrigerador y bata únicamente hasta que se incorporen a la masa. (Fotos 3, 4 y 5.)

4 Coloque la masa en un tazón ligeramente engrasado y cúbrala con plástico autoadherente. Déjela reposar a temperatura ambiente durante 3 horas o hasta que duplique su volumen.

TERMINADO

1 Enharine la mesa de trabajo, coloque encima la masa y espolvoréela con un poco de harina. Pónchela, divídala en 5 porciones de 500 gramos, o en 30 de 80 gramos, y boléelas. Colóquelas en los moldes de papel, cúbralas con plástico autoadherente y déjelas reposar durante 2 horas o hasta que dupliquen su volumen.

2 Precaliente el horno a 180 °C.

3 Barnice los panes con brillo de huevo, hágales una incisión en la superficie en forma de cruz y coloque dentro un trozo de mantequilla. (Foto 6.)

4 Hornee los panes durante 35 minutos o hasta que se doren uniformemente. Sáquelos del horno y atraviese la base de los moldes de papel con 2 brochetas de bambú, o con 2 palillos en el caso de los panes individuales, colocadas paralelamente en orillas opuestas. Suspenda los panes boca abajo sobre un tazón o un recipiente profundo, sujetándolos de las brochetas de bambú o de los palillos. Déjelos enfriar por completo antes de servirlos. (Foto 7.)

PANQUÉ DE LIMÓN, CHOCOLATE Y AMAPOLA

Un panqué es un tipo de pan dulce o salado que se elabora con una masa batida crecida, es decir, una masa que se obtiene al mezclar ciertos ingredientes mediante un batido. Generalmente son masas de consistencia semilíquida, debido a lo cual resulta necesario cocerlas dentro de un molde. Este tipo de masa no incluye levadura, por lo tanto, la forma de obtener un pan crecido y esponjoso es mediante la incorporación de aire a la masa con un batido de huevos y, en ocasiones, la adición de algún agente leudante químico.

En inglés, al panqué se le conoce como pound cake, y en francés como quatre-quarts. El nombre en inglés proviene del hecho de que la masa de los primeros pound cakes se elaboraba con cuatro ingredientes principales en partes iguales: harina de trigo, huevo, azúcar y mantequilla. Estos panqués eran muy grandes, pues de cada ingrediente se utilizaba 1 pound o libra (450 gramos), con el objetivo de alimentar a varias familias con uno de ellos. El nombre en francés quatre-quarts o cuatro cuartos, también hace referencia al uso de ingredientes en proporciones iguales: ¼ de cada uno.

Los primeros pound cakes aparecieron en Inglaterra a principios del siglo XVIII. Aantes de esa época era común el consumo de fruit cakes, pasteles de consistencia densa y un marcado sabor a melaza o azúcar oscuro caramelizado. Varios factores generaron que a finales de ese siglo la predilección por los densos pasteles de fruta se redirigiera gradualmente hacia los esponjosos y ligeros pound cakes. Por un lado, a finales del siglo XVII se popularizó el uso de batidores, lo que facilitó el aprovechamiento de las propiedades de los huevos batidos para añadir aire a las masas; asimismo, en esa época se descubrió que ciertos agentes químicos tenían propiedades para que las masas crecieran. A finales del siglo XVIII mejoraron los procesos de refinamiento de la harina y del azúcar, haciéndolos productos más ligeros, lo que permitió obtener masas más livianas; además, su costo se redujo con lo que fueron más accesibles a las clases más pobres. Otros factores que ayudaron fueron el perfeccionamiento de la tecnología de los hornos caseros y el aumento de hogares que pudieron acceder a ellos.

Actualmente el consumo de panqués es común en todo el mundo. La receta original ha sido adaptada y modificada a gustos y posibilidades regionales, por lo que existen infinidad de variantes. Los panqués más sencillos se elaboran con la masa básica y se aromatizan con vainilla, la ralladura de algún cítrico o con distintos extractos; para hacerlos más complejos se les pueden agregar ingredientes, como chispas de chocolate, cocoa, frutas secas o nueces, e incluso, se puede sustituir la mantequilla por aceite para lograr panqués más húmedos. En general, los panqués pueden consumirse solos, acompañados de leche, té, café o algún licor o digestivo, o bien, se pueden utilizar como pan de base para un pastel.

RENDIMIENTO: 1 panqué **PREPARACIÓN:** 45 min **REPOSO:** 1 noche **COCCIÓN:** 40 min

Equipo y utensilios

olla, batidora eléctrica con pala (opcional), 1 molde para panqué de 23 × 10 cm engrasado y enharinado, rejilla, cuchillo de sierra

Ingredientes

JARABE DE LIMÓN
100 ml de agua
55 g de azúcar

60 ml de jugo de limón
5 ml de ron añejo

MASA
200 g de mantequilla a temperatura ambiente
200 g de azúcar
200 g de huevo
275 g de harina de trigo
8 g de polvo para hornear
100 g de chispas de chocolate
5 g de semillas de amapola
la ralladura de 3 limones

Procedimiento

JARABE DE LIMÓN

1 Ponga sobre el fuego la olla con el agua, el azúcar y el jugo de limón; deje hervir la preparación hasta que obtenga la consistencia de un jarabe ligero. Retírelo del fuego, déjelo enfriar e incorpórele el ron añejo. Resérvelo.

PANQUÉ

1 Precaliente el horno a 160 °C.

2 Acreme en un tazón o en la batidora la mantequilla con el azúcar hasta que esta última se disuelva y la mezcla esté muy cremosa. Agregue los huevos, uno por uno, incorporando bien cada uno antes de añadir el siguiente.

3 Cierna la harina de trigo con el polvo para hornear. Añádala a la mezcla de mantequilla y huevos e incorpore todo con movimientos envolventes hasta obtener una masa tersa y sin grumos. Finalmente, incorpore con movimientos envolventes las chispas de chocolate, las semillas de amapola y la ralladura de limón; no trabaje demasiado la mezcla para que se conserve esponjosa.

4 Vacíe la mezcla en el molde hasta llenar tres cuartas partes de su capacidad. Hornee el panqué durante 25 minutos, sáquelo del horno y con un cuchillo hágale una incisión central poco profunda, a lo largo de todo el panqué. Continúe la cocción durante 15 minutos más o hasta que al insertar un palillo en el centro del panqué, éste salga limpio. Retírelo del horno y báñelo con el jarabe de limón mientras siga caliente, sin desmoldarlo.

5 Deje enfriar el panqué sobre la rejilla, cúbralo con plástico autoadherente y refrigérelo durante una noche. Desmóldelo y córtelo con un cuchillo de sierra en rebanadas de 2.5 centímetros de grosor.

PÃO DE QUEIJO

Cuando vayas a Brasil es inadmisible que regreses sin haber probado el pão de queijo o pan de queso, uno de los alimentos más emblemáticos de la gastronomía brasileña que se hizo popular a mitad del siglo XX. Estos bollos húmedos, que se consumen recién horneados, tienen la particularidad de no contener gluten ni levadura. Están hechos a partir de harina de mandioca (yuca) dulce o agria, huevo, algún tipo de grasa (margarina, mantequilla, aceite o manteca), y queijo minas meia-cura (queso minas semicurado) o curado, aunque también es común el uso de mozzarella o parmesano.

El origen exacto del pão de queijo es incierto, pero algunas fuentes lo sitúan en el siglo XVII durante la época de las misiones jesuitas guaraníes. Antes de la llegada de los colonizadores portugueses, se tiene registro de que los habitantes originarios de la región comían panes elaborados con harina de yuca o de maíz. Es probable que el pão de queijo haya surgido de la combinación, ya sea por necesidad o por experimentación, de ingredientes nativos con ingredientes traídos por los conquistadores, y especialmente por los jesuitas, como lácteos y huevos. Asimismo, muchas fuentes afirman que el lugar de origen del pão de queijo es el estado de Minas Gerais ubicado al sudeste de Brasil. Se dice que en esa misma época hubo una sobreproducción de queso en la región y que con el tiempo los quesos empezaron a endurecerse; para no desperdiciarlos, se rallaron y se agregaron a la receta del pan convencional.

Los pães de queijo se acompañan con un café durante el desayuno y suelen colocarse al centro de la mesa antes de comer. Son panes pequeños y muy ricos, por lo que es casi imposible comer sólo uno. Se pueden encontrar en restaurantes, panaderías y supermercados brasileños. Yo comparto esta receta para que se elaboren en cualquier parte del mundo.

RENDIMIENTO: 30 panes   PREPARACIÓN: 45 min   COCCIÓN: 40 min

Equipo y utensilios

batidora eléctrica con pala, manga pastelera con duya lisa de 1 cm, charola para hornear engrasada con margarina

Ingredientes

400 ml de leche
200 g de margarina
600 g de harina de yuca o mandioca
100 g de fécula de yuca o mandioca

15 g de sal
200 g de huevo
450 g de *queijo minas meia cura*
    o queso manchego, rallado

Procedimiento

1 Precaliente el horno a 200 °C. Caliente la leche con la margarina y mezcle hasta que ésta se derrita.

2 Mezcle en la batidora eléctrica la harina y la fécula de yuca y la sal. Vierta poco a poco la mezcla caliente de leche con margarina batiendo a velocidad baja; una vez que todo se haya incorporado, agregue 350 gramos del queso rallado y continúe batiendo un par de minutos más. Agregue los huevos, uno por uno, incorporando bien cada uno antes de añadir el siguiente. Deberá obtener una masa muy suave y húmeda, pero con cuerpo.

3 Introduzca la masa en la manga pastelera y distribúyala en la charola, formando pequeñas esferas y dejando un espacio de 4 centímetros entre cada una. (Puede omitir el uso de la manga pastelera y formar las esferas con las manos.)

4 Espolvoree las esferas de masa con el queso restante y hornéelas durante 30 minutos o hasta que se doren uniformemente. Retire los *pães de queijo* del horno y déjelos entibiar antes de servirlos.

PIZZA

En términos generales, una pizza puede definirse como un pan plano ligeramente leudado al que se le añaden encima una variedad de ingredientes. Existe evidencia que sugiere que los antiguos griegos, egipcios y romanos comían un alimento similar. Las pizzas antiguas consistían en panes planos elaborados con una masa sencilla hecha con harina, agua y aceite que se cocía sobre piedras calientes y se servía con un poco más de aceite por encima, miel o hierbas aromáticas, e incluso algún tipo de salsa. En la Antigüedad el consumo de panes planos hechos con masa fermentada o sin fermentar fue común en toda la región del Mediterráneo, los cuales se acompañaban con queso o con sopa. En algún momento surgió la idea de usar el pan plano como un alimento vehículo para el consumo de otros ingredientes. Por ejemplo, los etruscos preparaban una masa que cocían en piedras enterradas en cenizas calientes; el pan que obtenían lo condimentaban con aceite y hierbas y lo usaban para recoger salsas o sopas. Los griegos preparaban el plakunto, un pan plano al que se le añadían encima hierbas, especias, ajo y cebolla antes de hornearlo. Más tarde, los romanos adoptaron y adaptaron las preparaciones etruscas y griegas. A medida que el imperio romano se extendía a través de Europa, también lo hizo la costumbre de comer panes planos con algún ingrediente encima; al mismo tiempo, éstos se fueron adaptando a las costumbres y los ingredientes disponibles en cada región. Durante la época medieval los italianos comían panes planos y focaccias con los ingredientes que tuvieran disponibles en el momento, como sal, hierbas, aceite de oliva, hongos, hojas silvestres y algún tipo de pescado o carne.

Si bien las preparaciones anteriores pueden ser consideradas los antecedentes de la pizza, la versión moderna surgió en la ciudad de Nápoles a finales del siglo XVIII y principios del XIX. La pizza es un alimento de bajo costo y saciante que puede venderse fácilmente en las calles, por lo que en ese entonces se convirtió en un alimento básico de la clase trabajadora y de los pobres que vivían en la ciudad de Nápoles. Los trabajadores la consumían a cualquier hora del día; no se vendía completa, sino que cada cliente compraba un trozo del tamaño que pudiera pagar. Generalmente las variedades de pizza que se vendían eran sencillas, con uno o dos ingredientes de temporada o los que estuvieran disponibles en el mercado, lo que permitía mantener un costo bajo. Se podían encontrar pizzas con aceite de oliva, con queso, con salsa de tomate, con anchoas o sardinas, así como la que hoy conocemos como pizza marinara, con salsa de tomate, orégano, ajo, aceite de oliva y albahaca. Con el tiempo, el consumo de pizza callejera se extendió a toda Italia, siempre ajustándose a los ingredientes y economías regionales. A principios del siglo XX, los migrantes italianos la introdujeron en Estados Unidos, donde ganó fama después de la Segunda Guerra Mundial.

Actualmente la pizza es una de las comidas rápidas más populares, conocida prácticamente en todos los confines de la Tierra. Hacer pizza es fácil, su cocción es muy rápida, es sumamente versátil y es apreciada por todos, por lo que sólo me queda invitarlos a realizarla ¡Manos a la masa!

RENDIMIENTO: 3 pizzas de 20 cm   PREPARACIÓN: 45 min   REPOSO: 1 noche + 1 h 30 min   COCCIÓN: 10 min

Equipo y utensilios
rodillo, piedra para pizza, pala para pizza, brocha, cortador para pizza

Es importante elaborar la masa con un día de anticipación para asegurar una buena fermentación de la masa.

Ingredientes

MASA
500 g de harina de trigo
11 g de sal
3 g de levadura en polvo
325 ml de agua
25 ml de aceite de oliva + cantidad
  suficiente para engrasar

TERMINADO
1½ tazas de semolina
1½ tazas de harina de trigo
aceite de oliva para engrasar

Procedimiento

1 Mezcle en un tazón la harina de trigo, la sal y la levadura en polvo. Forme un orificio en el centro, coloque dentro la mitad del agua y comience a mezclarla con la harina del derredor. Añada el aceite y continúe mezclando hasta obtener una masa; si lo considera necesario, agregue un poco más de agua. Amase la masa durante un par de minutos hasta obtener una masa homogénea y suave.

2 Forme una esfera con la masa y colóquela dentro de un tazón ligeramente engrasado; cúbralo con plástico autoadherente y deje reposar la masa a temperatura ambiente durante 30 minutos.

3 Enharine ligeramente una superficie de trabajo, encima, ponche la masa y amásela durante 2 minutos. Divídala en 3 porciones y boléelas. Úntelas con un poco de aceite de oliva, introdúzcalas en bolsas resellables y déjelas reposar en refrigeración durante una noche.

TERMINADO

1 Deje temperar la masa fuera del refrigerador durante 1 hora. Precaliente el horno a 250 °C e introduzca en él la piedra para pizza.

2 Mezcle la semolina con la harina de trigo y espolvoree con ella generosamente una superficie de trabajo. Coloque encima una de las porciones de masa; espolvoréela con un poco de la mezcla de semolina y harina y presiónela con las manos. Dele forma circular extendiéndola gradualmente con los dedos y girándola sobre su propio eje; deberá obtener un disco con un grosor uniforme de ½ centímetro. (Foto 1.)

3 Espolvoree la pala para pizza con un poco de la mezcla de semolina y harina. Enrolle la masa en un rodillo para levantarla y desenróllela poco a poco sobre la pala. Presione la orilla del disco con los dedos para formar el borde de la pizza y barnícelo con aceite de oliva. Distribuya los ingredientes de su elección sobre la masa. (Foto 2.)

4 Deslice la masa en la piedra para pizza caliente y hornéela durante 10 minutos aproximadamente o hasta que la pizza esté bien dorada. Sáquela del horno y déjela reposar 5 minutos antes de rebanarla.

Si no cuenta con una pala ni una piedra para pizza, dele forma a la pizza sobre un trozo de papel siliconado. Hornéela los primeros 4 minutos directamente sobre el piso del horno (con todo y el papel siliconado); después, con ayuda del papel siliconado, transfiérala a una charola para hornear caliente y termine de hornearla.

PRETZEL

El pretzel, o Bretzel en alemán, es un pan oriundo del sur de Alemania, Austria y la Alsacia. El pan se realiza a partir de una masa que se estira para formar un lazo, que después se anuda para formar dos aros entrelazados. La masa se sumerge tradicionalmente en un baño de una solución diluida de hidróxido de sodio (sosa cáustica), una sustancia con un pH alcalino que ayuda a promover la reacción de Maillard cuando se hornean los pretzels; el resultado es un pan con una capa crujiente y muy dorada.

Muchas fuentes atribuyen la región de origen del pretzel al sur de Alemania o a Italia durante el siglo VII, específicamente con los monjes católicos. Se piensa que fue una adaptación del pan de comunión griego que tenía forma de aro. Los monjes preparaban unos bocadillos horneados hechos de masa que moldeaban de forma que simularan los brazos cruzados de una persona en oración. Se dice que los monjes ofrecían estos bocadillos a los niños como recompensa por aprenderse las plegarias; además, que los regalaban a los pobres como un símbolo religioso: los tres orificios simbolizaban a la Santísima Trinidad, que adicionalmente les proporcionaba sustento. El pan se convirtió entonces en signo de satisfacción, buena fortuna y prosperidad, y empezó a surgir en el arte medieval como un símbolo de suerte. El primer registro visual del pretzel es un marco del manuscrito ilustrado Hortus Deliciarum, una obra alsaciana del siglo XII. La imagen en cuestión representa una escena donde la reina Ester y el rey Asuero se muestran con un pretzel sobre una mesa de banquete.

Para el siglo XII, los pretzels ya formaban parte de la tradición panadera alemana, tanto, que este pan se utilizaba como el símbolo del gremio de los panaderos alemanes; incluso hoy sigue siendo el emblema de muchos gremios de panaderos. En aquella época los pretzels se comían tradicionalmente como pan de Cuaresma, pues al no contener productos lácteos eran aptos para consumirse entre el Miércoles de Ceniza y la Pascua. Actualmente, en el sur y las regiones aledañas de Alemania, las connotaciones religiosas asociadas con los pretzels siguen siendo fuertes. Se consumen durante la Cuaresma y los carnavales, y el primer día del año nuevo las personas se regalan pretzels dulces como un signo de suerte y prosperidad.

Actualmente los pretzels son comunes en Alemania y varias regiones aledañas, donde existen muchas variantes, hábitos de consumo y nombres locales. En el sur de Alemania, Austria y las partes de habla alemana de Suiza, los pretzels se venden en casi cualquier panadería, se comen como refrigerio o se acompañan con embutidos o quesos; en Baviera, por ejemplo, el pretzel generalmente se acompaña con salchichas Weisswurst. Además del clásico pretzel espolvoreado con sal gruesa, es común encontrarlos con semillas de ajonjolí, alcaravea, amapola, girasol, calabaza o comino, o bien, acompañados con queso derretido y trozos de tocino. Asimismo, la forma de los pretzels puede variar; por ejemplo, los de la región de Suabia tienen brazos delgados y una barriga gruesa, mientras que los de región bávara, los brazos gruesos y las barrigas delgadas. Gracias a la migración de alemanes a Estados Unidos, los pretzels son muy consumidos en ese país. Ahí es común encontrar el tradicional salado, pero además existen versiones dulces espolvoreadas con canela y azúcar o cubiertos con chocolate, frutos secos o con crema de avellanas. También es común que se cubran con queso rallado, aceitunas, pepperoni o que se sirvan rellenos a manera de sándwich.

Equipo y utensilios

2 tazones, raspa, cortador para pizza, charolas para hornear cubiertas con papel siliconado o con tapetes de silicón, navaja, rejilla

Ingredientes

MASA DE PRETZEL SALADO

500 g de harina de trigo

8 g de sal

10 g de levadura en polvo

235 ml de agua

75 g de huevo

50 g de mantequilla cortada en cubos, a temperatura ambiente

MASA DE PRETZEL DULCE

500 g de harina de trigo

9 g de sal

10 g de levadura en polvo

325 ml de leche

70 g de azúcar

100 g de mantequilla cortada en cubos, a temperatura ambiente

BAÑO DE HIDRÓXIDO DE SODIO Y DE BICARBONATO

250 ml de agua fría + 250 ml caliente

20 g de hidróxido de sodio

20 g de bicarbonato de sodio

TERMINADO

aceite en aerosol

sal en hojuelas

50 g de mantequilla derretida

150 g de azúcar mezclada con 10 g de canela molida

Procedimiento

MASA DE PRETZEL SALADO

1 Para elaborar la masa, consulte el paso a paso de la Masa de bizcocho (ver pág. 26). Forme con la harina de trigo y la sal un volcán sobre una mesa de trabajo; haga un orificio en el centro, coloque dentro la levadura en polvo y mézclala con un poco de agua y de la harina del derredor. Agregue un poco más de agua y continúe incorporando el resto de la harina poco a poco.

2 Añada los huevos uno por uno, sin dejar de amasar la masa, incorporando el resto del agua gradualmente. Amase hasta obtener una masa homogénea y elástica que se despegue de la superficie de trabajo.

3 Agregue a la masa poco a poco la mantequilla, amasando hasta que se integre por completo. Continúe amasándola hasta que esté suave, firme y elástica. Durante este proceso notará que la masa adquirirá una consistencia más suave; sin embargo, continúe amasándola sin agregarle más harina, hasta que nuevamente adquiera elasticidad.

4 Engrase ligeramente un tazón, coloque dentro la masa y cúbralo con plástico autoadherente. Deje fermentar la masa a temperatura ambiente hasta que duplique su volumen.

MASA DE PRETZEL DULCE

1 Elabore la masa siguiendo el mismo procedimiento de la masa de pretzel salado, pero sustituyendo el agua por leche y los huevos por azúcar.

BAÑO DE HIDRÓXIDO DE SODIO Y DE BICARBONATO

1 Para los pretzels salados, mezcle en un tazón, con un batidor globo, el agua fría con el hidróxido de sodio (mezcle con precaución pues la temperatura del agua aumentará). Deje reposar el agua hasta que se enfríe por completo.

2 Para los pretzels dulces, mezcle el agua caliente con el bicarbonato. Deje reposar el agua hasta que se enfríe por completo.

TERMINADO

1 Rocíe una mesa de trabajo con aceite en aerosol. Vuelque una de las masas sobre la mesa sacándola del tazón con la raspa para evitar poncharla. Extiéndala con las manos para obtener un cuadro o rectángulo de un grosor uniforme de 1 centímetro. (Foto 1.)

2 Con el cortador para pizza, corte la masa en tiras de 2 centímetros de ancho. Adelgace y estire las tiras de masa rodándolas sobre la mesa engrasada hasta obtener tiras de 40 centímetros de largo;

después, adelgace y estire un poco más las orillas de cada tira. (Fotos 2 y 3.)

3 Dele forma de pretzel a cada una de las tiras como se muestra en las imagenes y resérvelos sobre la superficie de trabajo cubiertos con una manta de cielo. Repita los pasos 1, 2 y 3 con la masa restante. (Fotos 4 y 5.)

4 Sumerja los pretzels salados, uno por uno, durante 5 segundos en el baño de hidróxido de sodio, y los pretzels dulces en el de bicarbonato. Utilice guantes de látex para realizar este paso. Escúrrales el exceso de líquido y déjelos reposar sobre un trapo de cocina húmedo mientras sumerge el resto de los pretzels. (Foto 6.)

5 Coloque los pretzels en las charolas, rectifique su forma y espolvoree los salados con sal en hojuelas al gusto. Déjelos reposar durante 40 minutos y hágales un corte poco profundo con la navaja en la barriga. Precaliente el horno a 200 °C.

6 Hornee los pretzels durante 5 minutos, reduzca la temperatura del horno a 180 °C, y continúe la cocción durante 10 minutos más o hasta que se doren uniformemente. Sáquelos del horno, barnice los pretzels dulces con un poco de mantequilla mientras sigan calientes y espolvoréelos con la mezcla de azúcar con canela. Déjelos enfriar ligeramente antes de consumirlos.

ROL DE BRIOCHE HOJALDRADA

La brioche feuilletée o brioche hojaldrada es un tipo de masa que consiste en una masa brioche empastada con mantequilla y laminada como una masa hojaldre. La técnica de elaboración es larga y compleja, pero si se respetan al pie de la letra los pasos técnicos importantes: pesado de ingredientes, laminado y tiempos de reposo, es casi seguro que el resultado será favorable. En cuestión de sabor y textura, los panes elaborados con masa brioche hojaldrada son una combinación entre un croissant, un brioche y un kouign-amann; su interior es suave y cremoso, mientras que el exterior se compone de varias capas crujientes y caramelizadas.

Este tipo de masa es relativamente nueva, o por lo menos lo es su popularidad en Francia, donde sólo algunas panaderías de renombre elaboran panes con brioche hojaldrada. Debido a que es una masa que exige tiempo y dedicación, los panes que se elaboran con ella tienden a tener un costo elevado, aunque después de probarlos, uno puede estar seguro de que la inversión valió la pena. Con este tipo de masa se pueden crear distintas formas, siempre y cuando se dejen fermentar y se horneen dentro de un molde, ya que debido a la gran cantidad de mantequilla que contiene la masa, requiere de algo que la contenga para no perder la forma durante el horneado. Asimismo, la masa se puede complementar con otros ingredientes, como crema de vainilla o de pistache, ralladura de cítricos o trozos de cáscara de cítricos cristalizados, especias, perlas de azúcar, entre otros.

Estos roles de brioche hojaldrada se pueden consumir durante el desayuno o como aperitivo en la tarde acompañados con un té.

RENDIMIENTO: 4 roles | PREPARACIÓN: 2 h | REPOSO: 5 h 10 min | COCCIÓN: 40 min

Equipo y utensilios

rodillo, charola enharinada, 1 molde para pan de caja de 29 × 10 cm engrasado y espolvoreado con azúcar (incluida la tapa), rejilla

Ingredientes

MASA
harina de trigo para enharinar
800 g de Masa *brioche*

EMPASTE
200 g de mantequilla

ARMADO
cantidad suficiente de azúcar
mantequilla para engrasar

Procedimiento

MASA

1 Enharine ligeramente una superficie de trabajo, coloque encima la masa *brioche* y pónchela. Extienda la masa con el rodillo hasta obtener un rectángulo un poco más pequeño que la charola donde la colocará y póngala en ella. Cúbrala con plástico autoadherente y congélela durante 30 minutos.

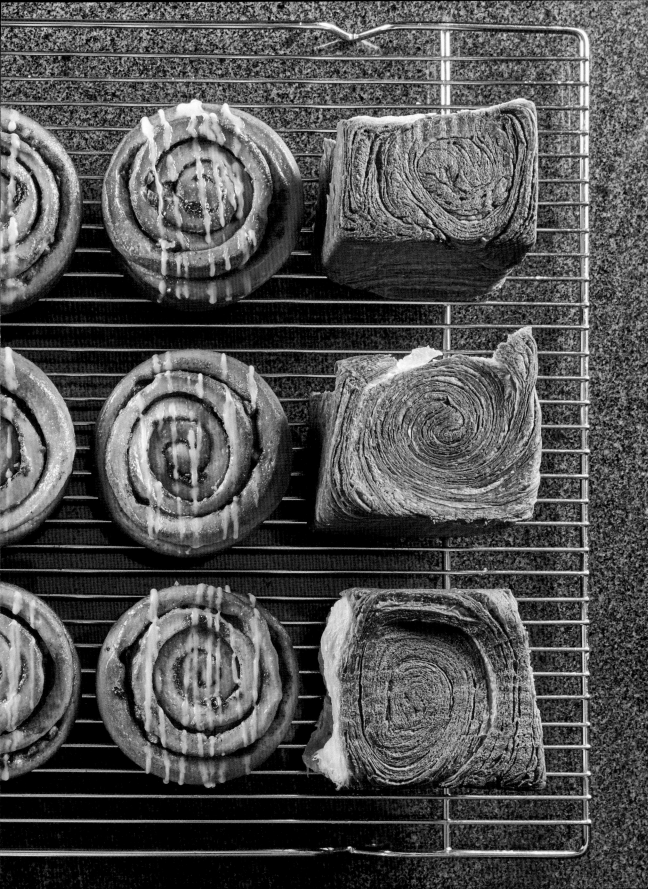

EMPASTE

1 Suavice la mantequilla y forme con ella un rectángulo de 10 × 20 centímetros (ver pág. 31). Refrigérela hasta que se endurezca.

2 Saque la masa del congelador. Enharine nuevamente la superficie de trabajo y coloque encima la masa; extiéndala hasta obtener un rectángulo de 25 × 45 centímetros. Envuélvalo en plástico autoadherente y congélelo nuevamente durante 30 minutos.

3 Coloque el rectángulo de mantequilla sobre la mitad de la masa y cúbralo con la otra mitad; presione las orillas para que la mantequilla no se salga al momento de estirar la masa

4 Siga el procedimiento de la página 32 para laminar la masa; disminuya a 40 minutos el tiempo de reposo en refrigeración entre el segundo y el tercer reposo. Cubra la masa nuevamente con plástico autoadherente para evitar que se reseque y déjela reposar en refrigeración durante 1 hora.

TERMINADO

1 Saque la masa del refrigerador. Enharine la mesa y coloque encima la masa; extiéndala hasta obtener un rectángulo de ½ centímetro de grosor y de aproximadamente 20 × 50 centímetros. Barnícelo con un poco de agua y espolvoree toda la superficie con azúcar. Enróllelo sobre sí mismo comenzando por uno de los lados largos; deberá obtener un rollo firme de aproximadamente 8 centímetros de diámetro.

2 Corte el rollo en 4 rebanadas. Acomode los roles en el molde, ligeramente separados y con la espiral hacia arriba, y cierre el molde. Deje reposar los roles durante 1½ horas. Precaliente el horno a 170 °C.

3 Hornee los roles durante 25 minutos; destape el molde y continúe la cocción durante 15 minutos más. Retírelos del horno, déjelos entibiar, desmóldelos y déjelos enfriar sobre la rejilla.

ROL DE CANELA

En muchos de los cursos de panadería que he dado, los alumnos siempre me preguntan por la receta de los roles de canela untados con glaseados, realmente indulgentes, que se venden en una franquicia estadounidense. En Estados Unidos, a los roles de canela se les conoce como cinnamon rolls y son un postre muy popular, símbolo de confort food; es común encontrarlos en escuelas, aeropuertos, centros comerciales, panaderías grandes y pequeñas, e incluso en eventos de recaudación de fondos en las iglesias. Si bien es verdad que los estadounidenses son de cierta forma responsables de su popularidad alrededor del mundo, lo más probable es que estos suaves panecillos sean de origen nórdico.

En el siglo XVIII en los países escandinavos, así como en Alemania y Austria, los panaderos utilizaban canela, usualmente junto con cardamomo, para aromatizar los panes leudados. En estos países es posible encontrar distintos tipos de roles de canela que generalmente se diferencian en la forma y no tanto en los ingredientes que los componen. Algunas fuentes indican que los primeros roles de canela aparecieron en 1920 en Suecia, donde se les conoce como kanelbulle. Tras finalizar la Primera Guerra Mundial hubo mayor disponibilidad de los ingredientes necesarios para prepararlos: azúcar, mantequilla, harina y especias. En esa época los kanelbulle se vendían en los cafés, que eran los lugares predilectos de los suecos para reunirse y hacer fiestas. A principios de la década de 1950, la economía del país mejoró, el costo de las materias primas se redujo y la tecnología de los hornos caseros se optimizó, por lo que los kanelbulle pasaron de ser un lujo a ser el pan favorito para elaborar en casa. La predilección de los suecos por estos panecillos es tal, que desde 1999, cada 4 de octubre, celebran el día nacional del kanelbulle, el cual además es el alimento preferido durante el fika, una costumbre sueca que podría traducirse como "la pausa del café". Para los suecos ésta es una práctica importante que se lleva a cabo una o dos veces al día e implica socializar con los colegas del trabajo o de la escuela, con amigos o con la familia mientras se bebe café y se disfruta de un bocadillo ligero, preferentemente un kanelbulle.

Los roles de canela se hacen con una masa enriquecida que no contiene tanta grasa como la masa de danés o de brioche, ya que durante el armado la masa se unta con una gran cantidad de mantequilla. Los que propongo a continuación son suaves, ricos y húmedos y la adición de pasas y nueces los vuelve simplemente espectaculares. Puede comerlos acompañados de una bebida caliente no muy dulce o con un vino, como postre.

RENDIMIENTO: 12 roles | PREPARACIÓN: 1 h 15 min | REPOSO: 1 h 30 min | COCCIÓN: 25 min

Equipo y utensilios
manga pastelera con duya lisa de 5 mm, rodillo, 12 moldes circulares de 10 cm de diámetro engrasados, brocha, rejilla

Ingredientes

MASA
1 kg de harina de trigo
15 g de sal
20 g de levadura en polvo
150 g de azúcar
200 g de huevo
300 ml de leche
100 g de mantequilla cortada en
   cubos, a temperatura ambiente

GLASEADO BLANCO
200 g de azúcar glass
30 ml de agua
5 ml de extracto de vainilla

TERMINADO
80 g de mantequilla suavizada
   + 12 trozos pequeños
20 g de miel de abeja

120 g de azúcar mascabado mezclada
 con 25 g de canela molida
100 g de pasas o arándanos
 deshidratados

50 g de nueces picadas
200 g de Glaseado de chabacano
 (ver pág. 78)

Procedimiento

MASA

1 Forme con la harina de trigo un volcán sobre una mesa de trabajo y espolvoree alrededor la sal. Haga un orificio en el centro y coloque dentro la levadura en polvo y el azúcar. Agregue los huevos de uno en uno, incorporando poco a poco la harina y alternando con la mitad de la leche; amase hasta obtener una masa homogénea.

2 Añada poco a poco la mantequilla, amasando hasta que se integre por completo; incorpore de la misma manera el resto de la leche. Continúe amasando hasta que la masa se despegue de la superficie de trabajo y esté lisa, suave y elástica.

3 Forme una esfera con la masa y colóquela en un tazón ligeramente engrasado; cúbralo con plástico autoadherente y deje reposar la masa a temperatura ambiente hasta que duplique su volumen.

GLASEADO BLANCO

1 Mezcle en un recipiente todos los ingredientes hasta obtener una mezcla homogénea y sin grumos. Introduzca el glaseado en la manga pastelera y resérvelo.

TERMINADO

1 Enharine ligeramente la superficie de trabajo, encima, ponche la masa y extiéndala con el rodillo hasta formar un rectángulo de 1 centímetro de grosor. Mezcle los 80 gramos de mantequilla suavizada con la miel de abeja y úntela en toda la superficie del rectángulo; espolvoree encima la mezcla de azúcar mascabado y canela, y distribuya las pasas o los arándanos y las nueces picadas; pase el rodillo por encima, presionando suavemente, para que los ingredientes se adhieran bien a la masa.

2 Enrolle el rectángulo sobre sí mismo, comenzando por uno de los lados largos y córtelo en rebanadas de 6 centímetros de grosor. Acomode los roles en los moldes con la espiral hacia arriba; déjelos reposar durante 20 minutos o hasta que dupliquen su volumen. (Foto 1.)

3 Precaliente el horno a 170 °C.

4 Coloque un pequeño trozo de mantequilla sobre cada rol y hornéelos durante 25 minutos. Retírelos del horno, sáquelos del molde con cuidado, barnícelos con el glaseado de chabacano y déjelos enfriar. Decore a su gusto los roles con el glaseado blanco.

ROL DULCE DE ROMERO

Con la masa base de los roles se pueden elaborar muchas variantes, que dependerán de la imaginación y el atrevimiento del panadero. Ésta es una versión muy original de los clásicos roles de canela. Se elaboran con una masa menos dulce y con un toque de aceite de oliva que recuerda a la de una focaccia. La infusión de mantequilla con romero endulzada con azúcar dará el toque inigualable a estas delicias. Recuerde que la panadería no se trata sólo de seguir recetas, se trata de ser creativos e innovadores, siguiendo en todo momento las reglas básicas. Estos roles son un claro ejemplo de ello.

RENDIMIENTO: 9 roles   PREPARACIÓN: 1 h 15 min   REPOSO: 1 h 30 min   COCCIÓN: 20 min

Equipo y utensilios

sartén, olla, rodillo, raspa, 9 moldes circulares de 10 cm de diámetro engrasados, brocha, rejilla

Ingredientes

MASA
500 g de harina de trigo
6 g de sal
9 g de levadura en polvo
80 g de azúcar
100 g de huevo
110 ml de leche mezclada con 150 ml de agua

25 g de mantequilla cortada en cubos, a temperatura ambiente
50 ml de aceite de oliva

MANTEQUILLA DE ROMERO DULCE
50 g de mantequilla
las hojas de 3 ramas de romero fresco, picadas
50 g de azúcar

15 ml de aceite de oliva

JARABE DE ROMERO
100 ml de agua
100 g de azúcar
las hojas de 1 rama de romero fresco

TERMINADO
harina de trigo para espolvorear

Procedimiento

MASA

1 Elabore la masa siguiendo el procedimiento de la masa de Rol de canela (ver pág. 174), pero añadiendo el aceite de oliva junto con la mantequilla.

MANTEQUILLA DE ROMERO DULCE

1 Coloque sobre el fuego un sartén con la mantequilla y el romero picado; una vez que se derrita, déjela hervir durante un par de minutos. Vierta la mantequilla en un tazón y mézclala con el azúcar y el aceite de oliva. Déjela enfriar y resérvela en refrigeración.

JARABE DE ROMERO

1 Ponga sobre el fuego una olla con el agua, el azúcar y las hojas de romero; deje hervir la preparación hasta que alcance los 110 °C o hasta que obtenga la consistencia de un jarabe ligero. Retírelo del fuego y consérvelo caliente.

TERMINADO

1 Enharine ligeramente una superficie de trabajo y vuelque encima la masa sacándola del tazón con una raspa para no poncharla. Extiéndala con el rodillo hasta formar un rectángulo de 1 centímetro de grosor.

2 Unte la mantequilla de romero dulce en toda la superficie del rectángulo, enróllelo sobre sí mismo, comenzando por uno de los lados largos, y córtelo en rebanadas de 6 centímetros de grosor. Acomode los roles en los moldes con la espiral hacia arriba; déjelos reposar durante 20 minutos o hasta que dupliquen su volumen.

3 Precaliente el horno a 170 °C.

4 Hornee los roles durante 20 minutos. Retírelos del horno, déjelos entibiar y desmóldelos con cuidado. Barnícelos con el jarabe de romero y déjelos enfriar.

SCONE

Un scone es un tipo de pan inglés clasificado como quick bread o pan rápido. Generalmente se elabora con harina de trigo, cebada o avena, y se cuece sobre una plancha o un sartén de hierro o en el horno y algunas variedades se fríen en aceite. Su consistencia es arenosa y su sabor delicadamente dulce, aunque también existen las versiones saladas. Los scones son panecillos tradicionales para acompañar el té o para el desayuno; se disfrutan calientes, y si se trata de una versión sencilla, se pueden complementar con mermeladas, miel, mantequilla o quesos.

Los primeros scones aparecieron a principios del siglo XVI en Escocia. Originalmente se hacían con avena y eran piezas redondas, de unos 20 centímetros, que hoy reciben el nombre de bannock; éstos se cocían sobre planchas austeras y se cortaban en porciones triangulares, que son a las que se les denomina scones. Existen dos etimologías probables de la palabra: la primera sugiere que su origen es la palabra holandesa schoonbrot, que significa "pan hermoso", y la segunda apunta a que proviene de Stone of Destiny, el lugar donde los reyes de Escocia eran coronados. Se dice que los scones se volvieron populares a principios del siglo XIX gracias a Anna, la duquesa de Bedford, quien una tarde ordenó a los sirvientes que le sirvieran té y algunos panes dulces. Dentro de la selección de panecillos venían los scones, los cuales dejaron encantada a la duquesa, por lo que ordenó que todos los días se le sirvieran junto con el té.

Actualmente los scones se consumen con regularidad en el Reino Unido, Irlanda, Canadá, Australia, Nueva Zelanda, Estados Unidos y otros países europeos. Cada región tiene variedades distintivas; por ejemplo, en el Reino Unido las versiones dulces son más comunes e incluyen con frecuencia pasas, queso o dátiles; en Escocia y Ulster, son comunes los scones salados de bicarbonato o de papa; en Irlanda se hacen a menudo con sultanas, y en Australia con calabaza.

RENDIMIENTO: 16 scones | **PREPARACIÓN:** 45 min | **REPOSO:** 25 min | **COCCIÓN:** 15 min

Equipo y utensilios

raspa, rodillo, charolas para hornear cubiertas con papel siliconado o tapetes de silicón, brocha, rejilla

Ingredientes

MASA
500 g de harina de trigo
5 g de sal
22 g de polvo para hornear
65 g de azúcar
175 g de mantequilla cortada en cubos pequeños, fría
185 ml de leche

12 ml de jugo de limón o de vinagre blanco
100 g de huevo
125 g de arándanos deshidratados

TERMINADO
harina de trigo para enharinar
cantidad suficiente de Brillo de huevo (ver pág. 78)

Procedimiento

1 Cierna sobre una superficie de trabajo la harina de trigo, la sal, el polvo para hornear y el azúcar. Añada los cubos de mantequilla e incorpórelos a la mezcla presionándolos con las yemas de los dedos hasta obtener una consistencia arenosa. (Foto 1.)

En esta preparación ocurre un fenómeno peculiar, una vez que los ácidos del limón o del vinagre entran en contacto con el bicarbonato de sodio o con el polvo para hornear se produce una reacción química que genera dióxido de carbono, logrando una masa aireada, suave y de gran sabor. Contrariamente a lo que se pudiera pensar, el sabor final de la preparación no es ácido, ya que el pH alcalino del bicarbonato o el polvo para hornear neutraliza la acidez del limón o el vinagre.

2 Mezcle en un tazón la leche con el jugo de limón o el vinagre y déjela reposar durante 5 minutos o hasta que se corte. Agregue el huevo y bata hasta obtener una mezcla homogénea. (Foto 2.)

3 Vierta la mezcla de leche y huevo sobre la mezcla de harina y combine ambas preparaciones con la raspa. Añada los arándanos y continúe mezclando con a raspa hasta obtener una masa, pero sin trabajarla demasiado. Forme una esfera con la masa. (Foto 3.)

TERMINADO

1 Enharine una superficie de trabajo, coloque encima la masa y espolvoréela con un poco de harina. Comprima un poco la masa con las manos enhari-nadas y dóblela por la mitad sobre sí misma. Comprímala nuevamente y realice un segundo doblez.

2 Corte la masa con un cuchillo en 2 porciones iguales y deles forma de esfera. Extienda cada una con el rodillo sobre la superficie enharinada hasta obtener discos de 1.5 centímetros de grosor. Corte cada disco en 8 triángulos iguales y colóquelos sobre las charolas. (Fotos 4 y 5.)

3 Precaliente el horno a 180 °C.

4 Barnice los triángulos de masa con brillo de huevo y déjelos reposar durante 25 minutos. Hornee los *scones* durante 15 minutos o hasta que se doren uniformemente. Retírelos del horno y déjelos enfriar sobre la rejilla.

La mezcla de leche con limón se puede sustituir por 185 gramos de yogur natural o de crema ácida.

SOURDOUGH

El sourdough bread o pan de masa madre se obtiene a partir de la fermentación de una masa utilizando una masa madre natural, es decir, un compuesto de harina y agua, sin ningún tipo de levadura añadida, que fermenta gracias a la acción de bacterias ácido lácticas que producen ácido láctico y ácido acético, compuestos responsables del aroma y sabor agrio del pan.

El pan de masa madre es la forma más antigua de elaborar pan con masa fermentada y la única que existió hasta antes de la utilización de la levadura de cerveza para acelerar la fermentación del pan que comenzó entre los siglos XIII y XIV. Posteriormente, en el siglo XIX, se introdujo el uso de levaduras comerciales. Aunque existen pruebas de consumo de pan en yacimientos arqueológicos en Suiza que datan del año 3500 a. C., el uso consciente de prefermentos para la elaboración de pan leudado se atribuye a los egipcios.

Existen algunas características de un pan elaborado con masa madre que reflejan su calidad a la vista y al tacto. Referente a la corteza, debe ser gruesa y crujiente, su textura no correosa sino masticable, y de color oscuro no brillante. la miga debe ser densa, brillante y con varios alveolos (orificios) individuales y de tamaño irregular, aunque esto no significa que la aireación de la miga deba ser excesiva. Asimismo, debe tener algo de color y elasticidad pero no humedad. En cuestión de aromas, la corteza debe tener un olor ligeramente ahumado (como a un asado) y dulce, acaramelado y a nueces. El aroma de la miga debe ser ligeramente ácido y, dependiendo de la harina que se haya utilizado para su elaboración, también puede presentar aromas afrutados, florales, especiados y herbales. Finalmente, el gusto del pan debe ser poco ácido y duradero, con una sensación suave y cremosa.

RENDIMIENTO: 2 hogazas **PREPARACIÓN:** 1 h 30 min **REPOSO:** 26 - 27h **COCCIÓN:** 55 min

Equipo y utensilios

2 *bannetons* generosamente espolvoreados con harina de arroz,
cacerola de cerámica con tapa de 20 cm de diámetro como mínimo,
2 cuadros de papel siliconado de 18 centímetros de lado, navaja

Ingredientes

LEVAIN
40 g de Masa madre natural
  o *sourdough starter*
  (ver pág. 23)
80 g de harina de trigo
  de alta proteína
80 ml de agua

MASA
480 g de harina de trigo
320 g de agua
12 g de sal

TERMINADO
harina de trigo para
  enharinar

Procedimiento

LEVAIN

1 Mezcle todos los ingredientes en un frasco de vidrio. Déjelos reposar en un lugar tibio entre 5 y 6 horas. Rectifique ocasionalmente el *levain*; debe ver la formación gradual de burbujas en la superficie y en los costados y percibir un olor ligeramente agrio que se irá incrementando.

Para rectificar la cocción del pan, sáquelo con cuidado de la olla y golpéelo ligeramente por la base; si escucha un sonido hueco, el pan está listo.

MASA

1 Coloque en un tazón la harina de trigo con el agua y mézclelos durante 1 minuto. Cubra el tazón y deje reposar la masa durante 1 hora. A este proceso se le conoce como autolisis.

2 Incorpore el *levain* a la masa, amasando suavemente, y después incorpore de la misma forma la sal. Continúe amasando hasta obtener una masa homogénea.

3 Coloque la masa en un recipiente grande con tapa y déjala reposar, de preferencia a una temperatura entre 18 y 24 °C, durante 1 hora.

4 Humedezca sus manos con un poco de agua, divida imaginariamente la masa en cuatro en forma de cruz, sujete la masa por el borde de una de las cuatro partes, estírelo hacia arriba y, después, dóblelo hacia el centro de la masa; repita este doblez con los bordes de las tres partes restantes. Deje reposar la masa durante 3 horas más, efectuando cada hora estos dobleces.

TERMINADO

1 Enharine una superficie de trabajo, coloque encima la masa, divídala en 2 porciones de 500 gramos y déjelas reposar durante 10 minutos. Humedezca nuevamente sus manos y extienda un poco una de las porciones de masa; jale una parte del borde y dóblelo hacia el centro de la misma; continúe doblando de la misma forma todo el borde de la masa. Repita este paso con la porción de masa restante. Cubra ambas con plástico autoadherente y déjelas reposar durante 20 minutos.

2 Enharine nuevamente la superficie de trabajo y coloque encima una de las porciones de masa. Divida imaginariamente la masa en cuatro en forma de cruz, con una mano previamente humedecida con agua, jale el borde de una de las cuatro partes hacia arriba; llévela hacia el centro de la masa y sujétela en el aire con la otra mano. Repita este paso con los 3 bordes restantes siguiendo el sentido de las manecillas del reloj y juntando al centro todos los bordes de masa. Al final, deberá obtener una especie de bolsa. Enharine generosamente la masa y colóquela dentro de uno de los *bannetons* con el lado donde juntó todos los bordes hacia abajo. Repita este paso con la porción de masa restante.

3 Introduzca cada uno de los *bannetons* con las masas dentro de una bolsa de plástico y ciérrela. Deje reposar la masa en refrigeración durante 15 horas.

4 Precaliente el horno a 220 °C. Coloque la cacerola con su tapa dentro del horno y déjela calentar durante 1 hora.

5 Saque uno de los *bannetons* del refrigerador y retírele la bolsa de plástico. Coloque uno de los cuadros de papel siliconado sobre la superficie de trabajo y dele la vuelta al *banneton* sobre ella. Levántelo lentamente, despegando poco a poco con los dedos la masa que se haya quedado pegada al *banneton* para evitar que se ponche. Haga una incisión en la superficie del pan con la navaja.

6 Saque con cuidado la cacerola del horno, retírele la tapa y coloque dentro el pan. Tápela inmediatamente e introdúzcala en el horno. Hornee el pan durante 25 minutos, retire la tapa de la cacerola y continúe la cocción durante 30 minutos más o hasta que esté dorando uniformemente. Saque el pan de la cacerola y déjelo enfriar sobre la rejilla.

7 Introduzca nuevamente la cacerola con la tapa al horno. Repita los pasos 5 y 6 con la masa restante.

STOLLEN

El Stollen o Christstollen es un pan navideño tradicional originario de Dresde, Alemania, que se vende cada año en los mercados navideños. Es un pan de fruta ligero y aireado, relleno con marzipan, y cubierto con azúcar glass; se elabora con una masa fermentada poco dulce, cáscara de cítricos cristalizada, frutas secas, almendras y especias. Tradicionalmente el Stollen era un pan grande, de 2 kilos, pero actualmente es común encontrar versiones más pequeñas.

Durante la Edad Media a este pan se le conocía como Striezel. Su forma simbolizaba al niño Jesús envuelto en pañales. Fue uno de los muchos productos horneados creados en esa época para representar aspectos religiosos, como el pretzel, del cual se dice que representaba las ataduras de Jesús o el Pfannkuchen, el antecesor de la dona, la esponja con vinagre que se ofreció a Jesús en la cruz. Sin embargo, su nombre cambió de Striezel a Stollen, ya que por la forma del pan algunas personas pensaban en el túnel a la entrada de una mina, en alemán Stollen, y sustituyeron el nombre.

Los Stollen originales se preparaban durante la temporada de Adviento, pero aquellos panes eran muy diferentes a los que conocemos ahora. Al ser un tiempo de ayuno, la masa se componía únicamente de harina, levadura, agua y aceite, por lo que el pan resultante era bastante duro e insípido, ya que los panaderos tenían prohibido el uso de mantequilla. Dicha prohibición se eliminó en Sajonia cuando ésta se convirtió al protestantismo. Con el paso de los siglos el pan pasó de ser un pan insípido a uno más dulce y perfumado, y con ingredientes más ricos.

Actualmente el Stollen se prepara en muchas partes del mundo; sin embargo, el oficial es el que se hace en Dresde. En esta ciudad, desde 1994, cada año se lleva a cabo un Stollenfest, se prepara un pan que pesa entre 3 y 4 toneladas, el cual desfila en un carruaje por las calles de Dresde hasta el mercado de Navidad, donde se corta y se distribuye entre la multitud, a cambio de una pequeña suma que va a la caridad. Este pan es tan popular que se han creado utensilios especiales para cortarlo o servirlo como el Stollenmesser, un cuchillo con una hoja curva y una punta específica.

Aunque ésta es una especialidad navideña, con la receta en mano usted podrá degustarla cuando quiera. Se puede preparar con un mes de anticipación y, bien envuelto, puede llegar a conservarse hasta por cuatro meses.

RENDIMIENTO: 2 *Stollen* | **PREPARACIÓN:** 1 h 20 min | **REPOSO:** 2 h | **COCCIÓN:** 30 min

Equipo y utensilios
batidora eléctrica con gancho, rodillo, charola para hornear cubierta con papel siliconado o tapetes de silicón, rejilla, brocha

Ingredientes

ESPONJA
170 ml de leche tibia
440 g de harina de trigo
11 g de levadura en polvo
3 g de sal

MASA FINAL
250 g de pasta de almendras
    al 30%, troceada
8 ml de extracto de vainilla
75 g de huevo

20 g de yemas
7 g de sal
300 g de harina de trigo
60 g de azúcar
la ralladura de 1 naranja
la ralladura de 1 limón
200 g de mantequilla cortada en
    cubos, a temperatura ambiente
30 g de almendras fileteadas
50 g de naranja confitada

50 g de limón confitado
50 g de pasas
50 g de pasas rubias o sultanas
50 g de arándanos deshidratados

TERMINADO
harina de trigo para enharinar
125 g de pasta de almendras al 30%
150 g de mantequilla derretida
150 g de azúcar glass

Procedimiento

ESPONJA

1 Elabore la esponja como se indica en la página 22.

MASA

1 Mezcle en la batidora la esponja con la pasta de almendras, el extracto de vainilla, el huevo, las yemas y la sal hasta obtener una mezcla homogénea. Sin dejar de batir, agregue poco a poco la harina de trigo; continúe trabajando la masa y, cuando tenga una consistencia homogénea y ligeramente elástica, añada el azúcar y las ralladuras de naranja y limón. Continúe batiendo hasta obtener una masa elástica y, finalmente, incorpore poco a poco los cubos de mantequilla. Bata hasta obtener nuevamente una masa lisa, suave y elástica.

2 Forme una esfera con la masa, colóquela en un tazón ligeramente engrasado y cúbrala con plástico adherente. Déjela reposar a temperatura ambiente hasta que duplique su volumen.

TERMINADO

1 Añada a la masa las almendras fileteadas, las naranjas y limones confitados, los dos tipos de pasas y los arándanos deshidratados. Ponche la masa y comience a incorporarle los ingredientes; transfiera la masa a una superficie de trabajo y amásela para terminar de incorporar todos los ingredientes, pero sin trabajarla demasiado. (Fotos 1, 2 y 3.)

2 Divida la masa en 2 porciones iguales, boléelas y cúbralas con plástico autoadherente; déjelas reposar durante 20 minutos.

3 Enharine ligeramente la superficie de trabajo, coloque encima una de las porciones de masa y extiéndala con un rodillo hasta obtener un rectángulo con un grosor uniforme de 1 centímetro. Haga lo mismo con la porción de masa restante.

4 Amase la pasta de almendras hasta suavizarla y divídala en 2 porciones iguales. Deles forma de cilindro hasta que tengan el mismo largo que los lados cortos de los rectángulos de masa y colóquelos al centro de éstos. Doble los rectángulos por la mitad sobre sí mismos, dejando libre 1 centímetro de orilla; presione bien el cierre. (Fotos 4, 5 y 6.)

5 Coloque los panes sobre la charola, cúbralos con plástico autoadherente y déjelos reposar durante 40 minutos. Precaliente el horno a 175 °C.

6 Hornee los panes durante 30 minutos. Sáquelos y déjelos reposar algunos minutos sobre la rejilla. Barnícelos con la mantequilla derretida y espolvoréelos con la mitad del azúcar glass; deje que se enfríen por completo y espolvoréeles el resto del azúcar.

ZOPF

El zopf o trenza en suizo es un pan típico de la región Emmental, en Suiza, con forma de trenza. Se elabora con una masa enriquecida con mantequilla y leche, por lo que también se le conoce como butterzopf, dando como resultado un pan sumamente suave y cremoso, con un color dorado y un delicioso aroma. La trenza puede ser de dos, tres, cuatro o hasta cinco tiras; se puede hacer una pieza grande de varias tiras, como el challah, o versiones individuales como las que propongo en esta receta.

A pesar de que el origen de este pan se desconoce, existen muchas historias al respecto. Una de las más famosas cuenta que en tiempos antiguos, cuando una mujer quedaba viuda, su destino era acompañar a su esposo en la tumba para que ambos pudieran reunirse en el más allá; tiempo después, la tradición se volvió menos macabra, y en lugar de que las mujeres tuvieran que sacrificarse, las viudas cortaban su cabello trenzado y lo colocaban en el féretro a un lado del cuerpo de sus esposos. La tradición siguió evolucionando, y con el tiempo la trenza de pan sustituyo a la de cabello. Algunas fuentes indican que la popularidad de este pan data desde el siglo XV, época en que era común ofrecerlo como presente en ocasiones especiales como Navidad y Año Nuevo, e incluso como símbolo de amor y promesa de matrimonio. Hoy en día, algunos suizos continúan con la tradición de ofrecer un zopf a sus anfitriones en ocasiones especiales.

En Suiza, actualmente, el zopf es un pan que se acostumbra hacer en casa para el desayuno del domingo o los días de fiesta; se acompaña con mermeladas caseras, miel o queso. Algunas variantes actuales se acompañan con crema de avellanas o se cortan por la mitad para preparar sándwiches. En algunos lugares de Europa se encuentra empaquetado aunque comprarlo no se compara con la experiencia de prepararlo.

RENDIMIENTO: 12 trenzas individuales PREPARACIÓN: 1 h REPOSO: 2 h 30 min COCCIÓN: 25 min

Equipo y utensilios

batidora eléctrica con gancho, charola para hornear cubierta con papel siliconado o tapetes de silicón, brocha, rejilla

Ingredientes

500 g de harina de trigo
20 g de azúcar
10 g de sal
8 g de levadura en polvo
170 ml de leche + 60 ml
125 g de huevo
la ralladura de ½ naranja

75 g de mantequilla cortada en
   cubos, a temperatura ambiente

TERMINADO
harina de trigo para espolvorear
aceite para engrasar
cantidad suficiente de Brillo
   de huevo (ver pág. 78)

Procedimiento

MASA

1 Mezcle en la batidora eléctrica a velocidad media la harina de trigo, el azúcar, la sal, la levadura en polvo, los 170 mililitros de leche y el huevo durante 4 minutos. Sin dejar de batir, agregue gradualmente el resto de la leche hasta obtener una masa homogénea (es probable que no requiera utilizar toda la leche).

2 Continúe batiendo la masa hasta que tenga una consistencia ligeramente elástica. Aún batiendo, añada la ralladura de naranja y poco a poco los cubos de mantequilla, hasta obtener una masa suave y elástica.

3 Coloque la masa en un tazón ligeramente engrasado, cúbrala con plástico autoadherente y déjela reposar a temperatura ambiente hasta que duplique su volumen.

TERMINADO

1 Enharine ligeramente una mesa de trabajo, encima, ponche la masa y divídala en 12 porciones. Boléelas, úntelas con un poco de aceite para evitar que se resequen y déjelas reposar durante 10 minutos.

2 Forme con las esferas de masa tiras de 10 centímetros de largo, úntelas con un poco más de aceite y déjelas reposar 10 minutos. Estírelas nuevamente hasta que dupliquen su tamaño y espolvoréelas ligeramente para evitar que se peguen entre ellas.

3 Forme con cada una de las tiras la trenza de su elección. Colóquelas en la charola, cúbralas con plástico autoadherente y déjelas reposar durante 1 hora o hasta que dupliquen su volumen.

4 Precaliente el horno a 180 °C.

5 Barnice las trenzas con brillo de huevo y hornéelas durante 15 minutos o hasta que se doren uniformemente. Retírelas del horno y déjelas enfriar sobre la rejilla.

Glosario

Acremar

Mezclar o batir un ingrediente o una preparación hasta suavizarla para que adquiera una consistencia cremosa.

Autolisis

Método de amasado que consiste en mezclar la harina y el agua de una receta de masa de pan durante pocos minutos. La masa resultante se deja reposar entre 15 minutos y 1 hora antes de incorporarle el resto de los ingredientes. El reposo principia el inicio de la actividad enzimática en la masa que libera los azúcares de la harina. La autolisis permite a la masa adquirir mejor plasticidad y facilita así el trabajo de amasado.

Blanquear

Trabajar enérgicamente, con un batidor de globo manual o con una batidora, un elemento o preparación con el fin de modificar su consistencia, su aspecto y su color. Cuando se baten huevos enteros o yemas, o cuando se acrema una mantequilla, se obtiene una preparación esponjosa, cremosa y con mayor volumen que adquiere un color amarillo claro.

Brillo de huevo

Mezcla que se utiliza para barnizar panes antes de hornearlos y lograr un acabado dorado y brillante. Se prepara batiendo huevo con un poco de sal y azúcar.

Crumble

Pasta de consistencia arenosa con la que se cubren diversas preparaciones, normalmente dulces, para añadirles un elemento crujiente. La pasta se elabora con una mezcla de mantequilla, azúcar y harina y, en ocasiones, almendra en polvo o incluso avena en las versiones estadounidenses; posteriormente, esta mezcla se desmorona y se espolvorea sobre la preparación antes de la cocción. También recibe el nombre de *crumble* un postre típico de Gran Bretaña preparado con frutas (manzana, pera, ruibarbo durazno o cereza) que se recubren con esta pasta antes de hornearse.

Goma xantana

Tipo de polisacárido que se obtiene de la fermentación del almidón de maíz, que tiene potentes propiedades espesantes y estabilizantes. En cocina se utiliza en salsas dulces y saladas, sopas, cremas, espumas, helados y otras preparaciones. Es un ingrediente eficaz y práctico, ya que a diferencia de otros espesantes como el almidón, la goma xantana se puede utilizar en frío, no aporta sabor a las preparaciones y es poco calórica.

Gluten

Sustancia gelatinosa compuesta esencialmente de proteínas presentes en algunos cereales. Dichas proteínas son insolubles en agua, pero al entrar en contacto con ella se adhieren a sus moléculas formando enlaces resistentes y elásticos, mismos que dan estructura y firmeza a los panes horneados.

Hidróxido de sodio

Compuesto químico, conocido también como sosa cáustica, que forma una solución fuertemente alcalina cuando se disuelve en agua. En la industria de alimentos se usa como aditivo regulador de la acidez en distintos productos alimenticios, como panes, botanas y bebidas.

Masa enriquecida

Masa compuesta por los cuatro ingredientes básicos de un pan: harina, sal, agente leudante y líquido, más uno o más componentes que mejoran o potencian su sabor, aroma y/o textura. Los ingredientes más utilizados para enriquecer una masa son mantequilla, leche, azúcar, miel y huevo. Como característica general, las masas enriquecidas se conservan suaves por un periodo más largo que las no enriquecidas y tienen mayor vida de anaquel.

Incorporar o mezclar con movimientos envolventes

Mezclar delicadamente una preparación con una espátula plástica flexible, comenzando por las orillas y cubriendo o envolviendo la preparación sobre sí misma hasta que se homogenice. Tiene el objetivo de conservar la mayor cantidad de aire dentro de la mezcla.

Leudar o levar

Permitir que una masa, por el efecto de la fermentación, aumente su volumen. El tiempo de leudado depende del tipo de masa, de la temperatura a la cual fermente y del resultado deseado.

Pan plano

Término genérico utilizado para designar a los panes con poco volumen. Por ejemplo, se consideran panes planos la *fougasse*, el pan pita, la *focaccia*, el pan *naan*, la pizza, etc. Los primeros panes elaborados por el hombre eran panes planos ázimos; consistían en una masa aplanada que se cocía directamente sobre las brasas, en el rescoldo, sobre piedras calientes o en hornos primitivos. Actualmente, los panes planos se elaboran con masas que pueden o no incluir algún tipo de levadura añadida. La masa se extiende a mano o con un rodillo y se cuece a partir de algún método de cocción directo, como en un comal, una plancha o un horno tipo tandoor. Muchos de los panes planos que se consumen actualmente son variantes regionales de los panes primigenios.

Pasta de almendras al 30%

Preparación de confitería industrial hecha con una base de almendras dulces molidas finamente y mezcladas con azúcar glass y glucosa. La pasta de almendras al 30% contiene, con respecto a su peso total, 30% de almendras.

Psyllium

Hierba cuyas semillas ricas en fibra soluble e insoluble se utilizan como remedio natural para limpiar el sistema gastrointestinal o como laxante. En la industria alimentaria, la cáscara o salvado de la semilla se usa como agente espesante o estabilizador en varias preparaciones.

Quick bread

Término utilizado en varios países angloparlantes que designa un tipo de pan cuya elaboración requiere poco tiempo. Generalmente se prepara con una masa batida semilíquida o muy suave, que incluye como agente leudante huevos batidos o algún químico.

Algunos ejemplos de *quick breads* son las madalenas, los *muffins*, los bísquets, los *scones*, los panqués y las galletas.

Reacción de Maillard

Conjunto de reacciones químicas que suceden cuando se expone a una temperatura alta un alimento que no se compone principalmente de azúcar. Como en la caramelización del azúcar, la reacción de Maillard contribuye a aportar color, aroma y sabor a los alimentos, como en el caso de la corteza del pan, del chocolate, del café y de la carne asada.

Streusel

Pasta alemana, similar a un *crumble*, que se elabora con una pasta hecha con dos partes de harina, una de mantequilla y una de azúcar. El *Streusel* alemán generalmente se desmorona en trozos grandes, y una vez horneado, adquiere una consistencia similar a la de una galleta crujiente en la parte superior, pero suave en la parte inferior.

Viennoiserie

Término que en Francia designa a un conjunto de panes que resultan de la cocción de una masa fermentada, dulce y enriquecida con huevo y mantequilla. Generalmente se consumen durante el desayuno o la merienda.

El término *viennoiserie* se originó a mediados del siglo XIX (aunque no aparece en el diccionario antes del siglo XX) para designar a la panadería proveniente de Viena, Austria o cuya elaboración seguía las directrices de la técnica vienesa; generalmente era sinónimo de panes de calidad o lujosos.

Lo que diferenciaba a la panadería vienesa de las confecciones francesas era, por un lado, el uso de costosos ingredientes de calidad, en específico el uso de harina de gruau o harina húngara; la incorporación a la masa de ingredientes como mantequilla y leche que otorgaban al pan suavidad y riqueza en aroma y sabor; el uso de levadura de panadero en lugar de *levain*, lo que se traducía en un pan de miga más ligera y esponjosa, así como el uso de vapor durante la cocción de los panes, técnica con la que se lograba una costra crujiente y dorada.

Índice de recetas

Índice de preparaciones y subrecetas

Índice de ingredientes

Este libro se terminó de imprimir en Febrero de 2022
en los talleres de Infagón S.A. de C.V.,
Alcaicería No. 8, Col. Zona Norte Central de Abastos,
C.P. 09040, Iztapalapa, Ciudad de México.